程序员的修炼
——从优秀到卓越

How to Stop Sucking and Be Awesome Instead

[美] Jeff Atwood 著　　陆其明 杨溢 译

人民邮电出版社

北京

图书在版编目（CIP）数据

程序员的修炼：从优秀到卓越 ／（美）阿特伍德
(Atwood, J.) 著；陆其明，杨溢译. -- 北京 ： 人民邮
电出版社，2014.5
  ISBN 978-7-115-34782-4

Ⅰ．①程… Ⅱ．①阿… ②陆… ③杨… Ⅲ．①程序设
计 Ⅳ．①TP311.1

中国版本图书馆CIP数据核字(2014)第043555号

版 权 声 明

- ◆ 著　　　　[美] Jeff Atwood
　　译　　　　陆其明　杨　溢
　　责任编辑　陈冀康
　　责任印制　彭志环　杨林杰
- ◆ 人民邮电出版社出版发行　　北京市丰台区成寿寺路 11 号
　　邮编　100164　电子邮件　315@ptpress.com.cn
　　网址　http://www.ptpress.com.cn
　　大厂聚鑫印刷有限责任公司印刷
- ◆ 开本：700×1000　1/16
　　印张：13.75
　　字数：203 千字　　　　　　　　2014 年 5 月第 1 版
　　印数：1 – 3 500 册　　　　　　2014 年 5 月河北第 1 次印刷
　　著作权合同登记号　图字：01-2013-6311 号

定价：45.00 元

读者服务热线：**(010)81055410**　印装质量热线：**(010)81055316**
反盗版热线：**(010)81055315**
广告经营许可证：京崇工商广字第 0021 号

内 容 提 要

本书是《高效能程序员的修炼》的姊妹篇，包含了 Coding Horror 博客中的精华文章。全书分为 8 章，涵盖了时间管理、编程方法、Web 设计、测试、用户需求、互联网、游戏编程以及技术阅读等方面的话题。作者选取的话题，无一不是程序员职业生涯中的痛点。很多文章在博客和网络上的点击率和回帖率居高不下。

Jeff Atwood 于 2004 年创办 Coding Horror 博客（http://www.codinghorror.com），记录其在软件开发经历中的所思所想、点点滴滴。时至今日，该博客每天都有近 10 万人次的访问量，读者纷纷参与评论，各种观点与智慧在那里不断激情碰撞。

本书的写作风格风趣幽默，且充满理解和关怀；适合从新手到老手的各个阶段的程序员阅读，也适合即将成为程序员的计算机和相关专业的学生阅读。本书能够帮助读者更多地关注技术工作的人性和人文因素，从而实现程序员职业生涯的成功转折。

译 者 简 介

陆其明，2000 年毕业于南京大学。自 2004 年起，连任 4 届微软 MVP（最有价值专家）。现居上海，任北京爱奇艺科技有限公司 PPS 上海公司研发总监。辛勤耕耘十余载，在技术研发、团队建设、流程控制、项目管理等方面积累了丰富的经验。已经出版的著作有《DirectShow 开发指南》、《DirectShow 实务精选》、《Windows Media 编程导向》、《脚本驱动的应用软件开发方法与实践》，译作有《代码之道》、《高效能程序员的修炼》。新浪微博：豆巴陆其明。

杨溢，2006 年毕业于东华大学，现居上海，任上海视龙软件有限公司工程经理，从事移动设备的底层多媒体实现的开发研究以及管理工作。

作 者 简 介

我叫 Jeff Atwood。我和妻子住在加州的伯克利。我养了两只猫、三个孩子，家里还有一大堆的电脑。20 世纪 80 年代，我拥有了第一台微电脑（德州仪器的 TI-99/4a），并开始了我的软件开发之路，参与了微软 BASIC 产品的大量实施工作。90 年代早期，伴随着 Visual Basic 3.0 和 Windows 3.1，我的工作转移到了个人电脑上，尽管我同时也使用 Delphi 早期的几个版本、花了大量的时间写了很多 Pascal 代码。现在我对 VB.NET 或 C#用得都比较顺手，尽管 C#大小写敏感的特性着实让我觉得有点别扭。目前我还在学习 Ruby。

我自认为是一个相当有经验的 Web 软件开发者，对软件开发过程中的人文因素特别感兴趣。这从我给其他开发者推荐的读物清单上能够体现出来。电脑真是让人神魂颠倒的东西，但它们更多反映的却是在使用它们的人。如果要研究软件开发艺术，单纯研究代码是不够的，你必须同时研究写下那些代码的人。

2004 年，我创办了 Coding Horror 博客。我未曾想过多地引人注目，但它确实改变了我的生活。后来发生的很多事情都或多或少跟这个博客有关。

2005 年，我在 Vertigo 软件公司找到了一份理想的工作，我也因此搬迁到了加利福尼亚。如果你感兴趣的话，可以去网上看一看我以前的办公室。

2008 年，我决定自己创业。我和 Joel Spolsky 联合创办了 stackoverflow.com 网站，并把它最终做成了 Stack Exchange 问答网络引擎。在互联网网站规模排名中，Stack Exchange 现在位于前 150 大之列。

2012 年初，我做了另外一个决定：我离开了 Stack Exchange。孩子们在渐渐长大，他们需要我；同时我也在思考我下一步的方向……

译 者 序

豆豆：老爸，我要跟你一决高下（下围棋）……咦，你怎么又在翻译？

我：嗯……

原以为《高效能程序员的修炼》会是我翻译的最后一本书了……但是，我没能刹住！

究其原因，作者 Jeff Atwood 令我难以拒绝——他的文字真是太精彩了！或许，你已经是 Jeff Atwood 的粉丝；要不然，当你捧起这本书的时候，我相信你也很快会成为 Jeff Atwood 的粉丝。如果你还没读过《高效能程序员的修炼》，那就赶紧去买一本吧。如果你已经读过了，我相信你的感觉一定像是喝了一杯麦氏咖啡——"滴滴香浓，意犹未尽！"——所以，才又捧起了这本书。

Jeff 还在 Coding Horror 上继续写着博客。这么多精彩的言论岂是一本书能够收录的。在这本续集中，我们将更多地看到关于编程的指导原则。Jeff 会继续带着我们走出"泥潭"，告别平庸，迈向卓越！

Jeff 本人是一位 Web 应用开发者，这本书也收录了更多的关于 Web 设计方面的准则。（有些人认为，Jeff 的文章偏向于管理，其实这是一个误解。Jeff 可以算是一位得道的程序员，他也是以程序员的视角在写作、在探讨着软件开发领域里的各种问题……）在这个后 PC 时代，智能终端日渐普及，互联网应用如火如荼。但是，终端应用会取代网站吗？全世界人民都在用 YouTube 分享视频，但 YouTube 是怎么处理版权保护问题的呢？你知道互联网档案馆吗？你知道互联网的由来，以及所谓的"网络中立"吗？……且看 Jeff 给我们一一道来。

本书是由我和杨溢共同翻译的。杨溢翻译了前两章，其余部分由我负责。初稿出来后，我对全书进行了校对和润色。杨溢是第一次做翻译，在整件事情完成之后，他不无感慨：

以前只是读别人翻译的书，对于翻译的困难与辛苦并没有太大的感触。然而，等到自己动手翻译的时候，才发现每字每句都需要反复斟酌、推敲，字里行间尽是翻译者的辛勤汗水。IT 人最大的特点就是没时间，所以，我每天只能利用挤出来的时间做一些翻译工作，在此感谢陆老师的帮忙和很多的建议（我本应该翻译更多一些的）。

另外，感谢 Ely 对我的支持和鼓励，还有我的亲人、朋友，是他们的不断鼓励才使得我能够坚持下来，并且做得更好。

希望大家能够喜欢这本书。在翻译的过程中，Jeff 的一些精彩言论的确给了我很多启发和指导，希望同样能给读者朋友们带来醍醐灌顶的感觉。

翻译是一件"感动自己，惠及大众"的事情，不仅在于图书面世时的片刻成就感，更在于翻译过程中的专注与坚持。窃以此书献给将近不惑之年的我，也献给在我翻译过程中辛苦辅导豆豆学习的老婆。豆豆开始上小学了，愿他好好学习，天天向上！不知道他长大后会不会成为程序员，会不会读一读这本书……

关于本书的内容或者翻译上的问题，欢迎通过新浪微博（@豆巴陆其明）与我交流。

陆其明

2013-12-16

目　　录

第 1 章
Chapter 1

绝地反击之术

待办事项不靠谱

除了看这本书，今天你还打算做些什么呢？

你注意到了吗？在众多类似 LifeHacker.com[①]这样的效率工具网站上，你可以发现大量压得人喘不过气的有关 **"又有一个新的 To-Do（待办事项）软件了"** 的消息。你可以在各个平台上找到大量的类似软件。现在你大概开始觉得这件事情有点可笑了，按照 Life Hacker 的规律（每 24 小时就会有一个新的 To-Do 软件发布），你大概需要一个 To-Do 软件来跟踪所有的这些 To-Do 软件。

---

① Life Hacker 是一个主要介绍生活窍门和软件的博客网站。它的口号是："用生活小贴士和软件来解决所遇到的问题。"——译者注

在生活中，我不断地尝试去使用 To-Do 列表，但是每次总以失败告终。哪怕我用有趣的游戏方式来使用它，就像 Epic Win[①]这样的软件，但还是没办法成功。

最后，我意识到问题不在于我。从一开始，这些 To-Do 列表是协助我生活的工具，但是随着时间的推移，它们逐渐变成了一种基于"还原论[②]"的、吃力不讨好并且令人疲倦的实践。我的 To-Do 列表正在折磨着我……Adam Wozniak 指出：

1. 列表会给你一种正在进行的错觉。

2. 列表会给你一种完成的错觉。

3. 对于那些未完成的事情，列表会让你产生罪恶感。

4. 对于那些总是被延期的事情，列表会让你产生罪恶感。

5. 对于那些不想做而没有做的事情，列表会让你产生罪恶感。

6. 你会根据列表错误地排出优先级。

7. 列表不够高效（想想看，你将要花费好多的时间去维护这个列表）。

8. 列表吞噬了主动做事的乐趣，让你觉得做事情变成了一种义务。

9. 从长远来看，列表并没有让你变得更有条理。

---

① 这段视频在 YouTube 上可以找到：http://www.youtube.com/watch?v=AmKwF_Si734。——译者注

② 还原论（Reductionism），是主张把高级运动形式还原为低级运动形式的一种哲学观点。它认为现实生活中的每一种现象都可看成是更低级、更基本的现象的集合体或组成物，因而可以用低级运动形式的规律代替高级运动形式的规律。还原论派生出来的方法论手段就是对研究对象不断进行分析，恢复其最原始的状态，化复杂为简单。——译者注

10. 列表会让你做事缺乏主动性，并且失去对于计划之外的事物的探索精神（面对现实吧，生活中的好多事情是没有办法去计划的）。

我从未使用过 To-Do 列表来管理那些与我的生活戚戚相关的事情。如果我这么做了，那就说明我的生活遇到了一些严重的问题需要去解决，而不是去找一个"适合"我的 To-Do 软件。至于那些对我的生活可有可无的事情，我只会不断地把它们放到一个过时的 To-Do 列表当中去。这些不断增长的微不足道的待办事项，像 Katamari 球①一样不断地变大，逐渐变成了一种精神上的负担。

是的，这个冗长的 To-Do 列表始终存在着，像一把悬挂在我头顶之上的利刃，而且每天都在变得更加沉重和锋利。

像一个有囤积癖的人一样，我误解了未完成的工作越积越多的真正原因。当囤积的人不得已需要丢弃东西时，他们总认为是存储的问题。就好像我说我时间贫乏是因为我每天只有 24 小时一样。或者更准确地说，疯狂的人总是在用疯狂的理由去解释自己的疯狂现状。而真正的原因可能是我过于容易接受新项目；或者是因为我不愿意放弃一个不成功的项目；也许是我不愿意把我做好的东西发布出去，因为他们总是不完美，也不够好。

我知道，我并不是唯一一个容易声称时间不够用的人。当我们发现自己难以分清优先级，难以做出决断，或者我们无法拒绝（别人或者自己的观点）的时候，绝大多数的人会抱怨时间不够用。

如果只有我才拥有时间的小金库，只有我才拥有神奇的组织工具，或者只有我才可以提高生产效率，在那时候，也只有在那时候，我才应该采取这样的做事方式：把一直增长并积压的大量的工作以及 To-Do 列表排列成一条线，然后像一艘轻松自如航行于北极的破冰船一样把它们全部碾碎。

但是，你使用了正确的方法吗？也许你使用这把崭新的、更加耀眼的利刃会让你的工作变得更加简单。以下是我给你的一些建议。

1. 在每个人的 To-Do 列表上其实只需要一个项目，其他的都是多余的。

---

① Katamari 球（Katamari Ball），来源于一个叫作"I Love Katamari"的游戏，这个游戏的任务就是要把一个叫做 Katamari 的球通过不断地收集周边的东西越滚越大。——译者注

2．起初你并不需要一个 To-Do 列表。

3．不要再使用 To-Do 列表了，把它扔掉吧，因为它会伤害你。

4．我是认真的。

5．可能你会感到一点恐慌，但是正确的选择总是会让人感觉有点恐慌的，所以马上去做吧！

6．我不是在开玩笑。

7．豪与奥兹双人组^①难道不是很酷吗？我知道，这是反问句。但我还是要问你。

8．瞧瞧，这样是达不到预期效果的。

9．等一下，我是不是刚刚做了一个列表？

下面是我给你的一个任务——每天早上醒来的时候，如果你不能够用上帝赐予你的大脑使劲想出这天你需要做的最重要的 3 件事，那么你必须先把这个问题认真解决好。我不是说让你去安装一个新的软件，或者再去读一些有关提高效率的博客和书籍。你必须要搞明白，什么东西对你来说才是重要的，并且能让你充满激情。扪心自问一下，难道那事情还不够让你感到痛苦，促使你下定决心去把它"做掉"吗？去做吧！

工具如同浮云，但是你的大脑和内心将会伴随你一生。学会相信它们。如果你办不到，那就想尽办法去锻炼它们，使得你最终可以信赖它们。如果一件事情真的很重要，你会记得去做的。如果你忘记了，也许有一天你还是会记起来的。如果你一直没有记起来，那也不错啊！

今天上班可以放羊

如果你受雇于谷歌，那你只须拿 80% 的时间用在本职工作上。而另外 20% 的时间，你可以用来做任何想做的事情，前提是，你所做的事会以某种方式帮助谷歌进

---

① 豪与奥兹双人组（Hall & Oates）是美国的一对二重唱组合，由 Daryl Hall 和 John Oates 组成。他们的风格以蓝调为主，凭借着动人的歌喉和迷人抒情曲风饮誉乐坛 30 多年。——译者注

步。至少理论上是这样的。

到目前为止，谷歌的 20% 时间政策在软件开发行业里已经很出名了。不过，大家有所不知的是，如果追溯回去，这个概念其实早在 1948 年就由 3M 公司①提出了。

1974 年，3M 公司的一名科学家 Art Fry 提出了一个巧妙的发明。他认为，如果能把黏胶涂在一张纸片的背面（其实他的同事 Spencer Silver 几年前就有过这样的梦想），那他就能做出一种完美的标签，可以用作在教会的诗歌本中标记位置。他把它称作为"即时贴"。Fry 在他"15% 的时间"里做出了这个当今社会里标志性的产品（他在 2008 年 5 月接受史密森尼博物院②的采访时也提到了这个产品）。而这"15% 的时间"正是 3M 公司（在 1948 年发布）的一项政策，它允许雇员利用一部分工作时间去"做白日梦"，并且把他们自己的想法付诸实践。这看起来像是一种心照不宣的员工福利。但事实上，这部分时间为 3M 公司创造了很多畅销产品，它也为如今的一些顶尖的技术公司（比如谷歌和惠普）开创了先河。

关于惠普的这个政策，我并没有找到太多的资料记载。偶尔有人提及时，它也总是被称作为"惯例"，而并非是一个明确的政策。Robert X. Cringely 提供了更多的细节：

那个政策不是谷歌发明的，真正的发明者应该是惠普才对。而且，惠普创立这个政策的过程相当正式，它规定那 10% 的时间就是星期五的下午。想象一下：每个星期五的下午，在 Palo Alto③，所有的工程师都在实现一些狂野的想法——这是何等的一番景象啊！这个政策还规定，那些工程师有权进入所谓的"实验仪器室"，

---

① 3M 公司的全称是 Minnesota Mining and Manufacturing（明尼苏达矿务及制造业公司），创建于 1902 年，总部设在美国明尼苏达州的圣保罗市，是世界著名的产品多元化跨国企业。3M 公司素以勇于创新，产品繁多著称，在其 100 多年的历史中总共开发了 6 万多种高品质产品。百年来，3M 的产品已经深入人们的生活，从家庭用品到医疗用品，涵盖运输、建筑、商业、教育、电子、通信等各个领域，极大地改变了人们的生活和工作方式。——译者注

② 史密森尼博物院（Smithsonian Institution）是由英国科学家詹姆斯·史密森（James Smithson）遗赠捐款，并根据美国国会法令于 1846 年在美国首都华盛顿创建的一个半官方性质的博物馆机构。它是世界上最大的博物馆体系，所属的 16 所博物馆中保管着一亿四千多万件艺术珍品和珍贵的标本。同时，它也是一个研究中心，从事公共教育、国民服务以及艺术、科学和历史各方面的研究。——译者注

③ Palo Alto（帕洛阿尔托）是美国旧金山附近的一个城市，被很多人称作为硅谷的中心，惠普公司的总部和斯坦福大学就在那里。——译者注

在星期五下午，只要工作需要，他们可以从实验室管理员那里取走任何东西，包括显微镜、磁控管或者一桶丙酮等；他们不会因此受到任何质疑。这个政策刮起了一股创新疾风。于是，惠普的一些最伟大的产品诞生了（比如打印机）。

也许真的是惠普发明了这个政策，因为大家都知道，惠普公司早在 1939 年就成立了。众所周知，Dave Raggett 在惠普工作期间发明了 HTML，他在整个过程中扮演了很重要的角色。他很显然就是利用了那 10% 的时间。

尽管这个概念在谷歌之前就已经有了，但谷歌的的确确比其他任何人付出了更多，去检验它是一个有效的策略，并且让它在技术圈子里流行起来。无独有偶，我在谷歌的招聘网站上也没有找到任何关于 20% 时间福利的说明，但它确实是谷歌文化中不可分割的一部分。他们继续这个政策是有充分理由的，因为包括 Gmail、Google News、Google Talk 和 AdSense 等著名项目都是靠 20% 的时间做起来的。据谷歌的一位前员工 Marissa Meyer[1] 所说，谷歌的产品中有一半之多都来源于那 20% 的时间。

在惠普、3M 和谷歌，他们最优秀、最受欢迎的产品中有"很多"都起源于一些碎片时间，在这些时间里，他们允许员工做任何他们想做的事情。这意味着什么呢？我们是否都应该在工作时间"放羊"，去试验我们自己的想法吗？这正是《The 20% Doctrine》（20% 主义）这本书探讨的问题。

---

① Marissa Meyer（玛丽莎·梅耶尔）毕业于斯坦福大学，1999 年加入谷歌，是谷歌的第一位产品经理和首位女工程师，也是《商业周刊》评选的"创新产业 25 位领军人物"之一。2012 年 7 月 17 日，玛丽莎出任雅虎 CEO。——译者注

跟 20%的时间密切相关的另一个说法是"创意日"（Hack Day）。"创意日"从常规计划表里切出特定的 24 小时，以鼓励多个大型团队在这个时间段聚在一起合作（或者友好竞争）。2005 年的时候，Chad Dickerson 在雅虎创立了最初的一个"创意日"。

上周五，在松散组织起来的一帮同事的协助之下，我在雅虎组织了第一个内部的"创意日"。"Hack"一词带有骇客文化的韵味，但同时也表明一个事实，那就是我们在尝试修复一个工作得不是特别好的系统。想法真的很简单：我们部门的所有工程师在那天都从本职工作中解脱出来，然后做他们想做的任何事情。唯一的规则就是，要在 24 小时内做出点东西，然后在那段时间结束的时候把它展示出来。其实，就这个事件本身而言，其基本运作方式在一些小型的创业公司里较为常见，但还从来没有人在一家知名公司里大规模地尝试过呢！

雅虎的第一个"创意日"显然是成功的。在一个挣扎着要创新的公司里，大概有 70 个原型在短短 24 小时之内一下子冒了出来，它们在一个热情欢快的氛围里被展示出来，人们禁不住都欢呼雀跃。那些习惯于穿着 T 恤衫的开发者们都废寝忘食，他们在周五晚上为了他们的原型程序而工作得很晚，别无他求，只为展示他们真正想要做的东西。Eric Raymond 写了一本关于开源软件的书，名字叫《The Cathedral & the Bazaar》[1]（大教堂与集市）。他在书中是这么说的："但凡优秀的软件，都源自于开发者个人的渴望。"很显然，雅虎的很多开发者都有他们个人的"渴望"，但只有在"创意日"的疏导之下，它们才被集中地激发出来。

Atlassian 公司[2]的做法是每个季度举办一次"发布日"（ShipIt Day）。他们从 2005 年开始就这么干了。有趣的是，他们也曾尝试模仿谷歌的 20%的时间政策，但结果不是很理想。

---

① Eric Raymond 在书中说："世界上的建筑可以分为两种，一种是集市，天天开放在那里，从无到有，从小到大；另一种是大教堂，几代人呕心沥血，几十年才能建成。当你新建一座建筑时，你可以采用集市的模式，也可以采用大教堂的模式。一般来说，集市的特点是开放式建设，成本低，周期短，品质平庸；大教堂的特点是封闭式建设，成本高，周期长，品质优异。"作者于是提出了一个问题：有没有可能用修建集市的方式造出一所大教堂？——译者注
② Atlassian 是澳大利亚的一家软件公司，它最著名的两个产品是 JIRA（项目与事务跟踪工具）和 Confluence（团队协同与知识管理工具）。——译者注

很显然，最大的问题是如何安排那 20%的时间。有人是这么说的："在交付新功能和修复 bug 的压力之下，切出 20%的时间是不可思议的。"Atlassian 需要频繁地发布产品，因此让团队有计划地停下来是很困难的。尤其对于小团队来说，让他们从核心产品开发周期中抽出一段时间是难以承受的。这跟团队主管是否苛刻没有关系。往往还是那些在用 20%时间的开发者，他们不愿意因此增加同事们的工作负担。他们热爱他们正在开发的产品，并且对自己的付出引以为荣。然而，他们不想被人看成是在享受特权，而让别人去承受沉重的工作压力。

我个人认为，不管你在哪里工作，说服管理层支持类似于"创意日"或者 20%的时间政策是值得的，因为由此带来的成功案例很多，而且大家都有目共睹。但在采取行动之前，请考虑一下你和你的公司是否准备就绪了。

1. 项目计划表是否足够宽松？

如果你的项目计划表紧得没有任何空余时间，要想切出 20%的时间或者举办"创意日"（哪怕只是偶尔为之）都是不现实的。如果你身边的每个人都在全负荷地拼命工作，而且长时间一直是这种状态，那么……这可能是有问题的。当然，每个人时不时总会面对一些紧要关头，但如果你的工作环境感觉起来永远都是紧要关头，那么你必须先把这个问题解决了再说。读一下 Tom DeMarco[①]的《别让员工瞎忙》这本书吧，也许会有所启示。

2. 公司文化容得下"白日做梦"吗？

如果有人会因为"看起来"不是很忙而被谴责，那么你公司的工作文化也许不能支持像"创意日"这样的活动。你必须要让"尖头发老板[②]"级别的人认识到，花在思考和"做白日梦"上的时间是有效工作的一部分。"白日做梦"与工作不是对立的；恰恰相反，创造性地解决问题需要这种"白日梦"。

---

① Tom DeMarco（汤姆·迪马可）是大西洋系统协会的负责人，主要在软件工程、公司改革、项目管理和诉讼等领域从事研究工作。他出版过多本管理和技术发展方法类的书籍，包括《最后期限》、《人件》、《与熊共舞》等。1986 年，他因对信息科学做出的重大贡献而获得了 J. D. Warnier 奖。1999 年，他又被授予韦恩·史蒂文斯奖（Wayne Stevens Prize），以表彰其对软件工程方法的终身贡献。——译者注

② 尖头发老板（pointy-haired-boss）是在呆伯特系列漫画中的老板形象，他缺乏一般的常识以及职位所要求的管理技能，爱说大话，且富有向现实挑战的精神。——译者注

3. 可以接受失败吗？

当你获得"想做什么就做什么"的自由之后，你必须善加利用这个权利。我的意思是，员工不能再受条条框框的羁绊，他们要有在自己的"臭屁"项目上不幸失败的自由，并且不会因此受到责备或裁决。如果没有失败（以及很多经历），那就算不上是真正的试验，也不可能有创新。从失败中快速学习并继续前进，这种策略的价值是巨大的！

4. 个人的试验是否能得到尊重？

跟集体项目的任务列表上的紧迫事项比起来，如果个人所做的试验得不到应有的尊重，那么"创意日"这样的活动注定会失败。作为公司，或者作为同事，你必须深信：重要的创新和改进可能会在任何时候以自下而上的方式来自于公司的任何人——它们不会按照神奇的总体规划上预定的间隔自动蹦出来。

花点时间去做你认为能够改善工作的任何事情吧，这不只是可以容忍的，更应该是受到鼓励的。对此做一些正式的规范和认可，可能大大有助于**让大家少一点"工作就是干活"的感觉**。

你没有说服我

最近，电影《末代独裁》①里的一个场景成为我的最爱，让我久久不能忘怀。这是一部关于 Idi Amin②的传记电影，它从一名虚构的苏格兰医生的视角，生动再现了 Idi Amin 这位妄自尊大的独裁者。

---

① 《末代独裁》（The Last King of Scotland）根据 Giles Foden 的同名小说改编而成，讲述了一名踌躇满志的苏格兰医生 Nicholas Garrigan，怀着为穷苦人民救死扶伤的伟大理想于 20 世纪 70 年代来到贫困的乌干达，被当时的乌干达独裁总统 Idi Amin 收为私人医生，不料却唤醒了总统的残暴野性。Nicholas 后来觉醒了，试图弥补自己造成的恶果，退出乌干达。然而，恐惧和出卖就此伴随着他……男主角 Forest Whitaker 凭借此片获得了第 79 届奥斯卡奖最佳男主角奖。——译者注
② Idi Amin（伊迪·阿明）是东非国家乌干达 20 世纪 70 年代的军事独裁者，曾被称为"苏格兰王"。——译者注

Idi Amin: "我想要你告诉我应该做什么!"

Nicholas Garrigan: "你想要我告诉你应该做什么?"

Idi Amin: "是的,你是我的顾问。你是这里我唯一信得过的人。你本该一开始就告诉我,不要把那几个亚洲人赶走!"

Nicholas Garrigan: "对啊,我告诉过你的!"

Idi Amin: "但是,你并没有说服我。Nicholas,你没能说服我!"

如果你还没看过这部电影,我建议你一定要看一看。这部电影真的太棒了!

我之所以喜欢这个场景,是因为除了精彩的表演之外,它还展示了说服力的无比强大。如果这种力量掌握在一个疯子或者煽动者手中,它会变得异常危险。但愿你在日常生活中无须面对太多疯狂的独裁者。另外,这个场景还揭示了一个显而易见的道理:**如果你想要影响别人,你必须有能力说服他们。**

在我的记忆里,Steve Yegge 是一名很成功的软件工程师。我总是听他反复说道:对于软件工程师来说,他们所要知道的不是怎样去写出技惊四座的代码,而是怎样推销他们的想法和产品。他最终还把这一论断放到了播客上。其实,推销不就是说服别人吗?

Marc Hedlund 曾是 Wesabe 公司的创始人,现在担任 Etsy 公司的工程部副总裁。他认为自己不是首席执行官或者老板,而是一位"首席说客"。

最近有人问我,我是怎样管理开发团队的。我说:"大概是这样的,我首先发布一篇博客文章，把我认为我们应该做的事情描述出来。如果这篇文章能够让开发者信服，那他们就会去做了；如果没有，我就要去说服他们；如果这样还是不行，我的想法就失败了。他们在启动项目之前需要得到我的批准，仅此而已。这就是我所做的'管理'工作。其实，大部分想法都是其他人提出来的，并不是来自于我或者我的文章。我曾经反对过一些后来证明是相当成功的想法，所幸的是，当初我并没有独断专行。"

前面我说得夸张了一点，我自然没有把所有的想法都写出来。我始终把自己当作一位"首席说客"，有很多的例子说明我在一开始并不能让别人了解我的想法，结果那些想法都"流产"了。有人曾经问过我，"是谁站在产品的角度在思考问题呢？"我当时的回答是："我想是我吧。"但那其实不对。我们所有人都站在产品的角度上思考问题。产品其实是所有人共同追求的想法产生的结果。在 Wesabe 公司，我招聘员工是基于他们的兴趣和热情，让他们毫无拘束，这样我们就能进行全方位的交流。这就是我们团队的运转模式。不管你信不信，这个模式很有效。

那么，我们怎么去说服别人呢？我觉得，首先需要以身作则[①]，即使那意味着你需要保持谦虚谨慎，甚至身先士卒。但是，你也许并不是一位领导者。也许你只是一名普通员工，不过，你依然有机会去说服你的团队以及你身边的人。一位评论家曾经很好地总结过一个用于说服他人的"草根"方法：

- 从总体上来说，他的观点是相当出色的；

- 他的做事方式是自下而上的，而不是自上而下的；

- 他总是能够带头亲自去做事，以赢得别人的信任；

- 他拥有足够的耐心去等待机会的到来。

科学和数字的确是具有客观说服力的极好手段，但是请记住，数据本身并不是每件事的本质。小心像"41 个渐变蓝色"那样的陷阱！

是的，当时谷歌的一个团队无法决定出两种蓝色中哪个更加合适。于是，他们

---

① 参见作者的另一本书《高效能程序员的修炼》的第 5.2 节"领导须以身作则"，人民邮电出版社（2013 年）。——译者注

测试了这两种蓝色之间的 41 个渐变的蓝色，然后从中挑出最好的那个。我最近也有过一次类似的经历，我们争论的是边框宽度应该是 3 个、4 个还是 5 个像素，大家须各自证明自己的观点。我没有办法在这样的环境之下工作。我开始厌倦这种无足轻重的设计决定。这世上还有更有趣的设计问题等着我去处理呢！

如果想要提高网络广告的点击量，你只需放一些诱人的照片在上面就可以了。但是为了真真正正地说服别人，你需要讲一个更加宏伟、激动人心的故事。

我每年都会重新读一遍 "Letter from a Birmingham Jail"（伯明翰监狱的来信）。我觉得这是我所读过的最具说服力的文章，然而字里行间并没有出现愤怒、无礼或者谩骂。现在就去读一读吧！但是不要只是读，应该学习一下：作者是如何说服别人的？为什么他可以说服别人？他引用了什么数据吗？是什么让这篇文章如此引人瞩目？

如果你一味地保持沉默，总是像局外人一样冷眼旁观，你就什么也改变不了。如果你想要改变你的工作和生活，**你必须学会说服别人。**

真正失败的项目

你还记得 Microsoft Bob[①]吗？如果你还记得的话，你一定还可以回想起当时那个广告铺天盖地的场景，但是之后却以可笑的失败收场。有些人甚至把它称作为微

---

① Microsoft Bob 是微软于 1995 年推出的一款产品，并被定为用在 Windows 3.1 中的下一代界面。Bob 是微软首次尝试开发互动性更强、更自然的用户界面。——译者注

软的最大败笔。

Microsoft Bob 毫无疑问是一场灾难。但是，失败最有趣的地方就是：失败是成功之母。一位在 Microsoft Bob 项目中工作过的人叙述了下面这段经历。

在 Bob 这个项目呼声很高的时候，我曾经给比尔·盖茨写过一封邮件，告诉他我觉得这个项目可能会面临前所未有的抵制。一些科技领域有影响力的权威们告诉我，他们准备抛弃 Bob。他们不仅一点也不喜欢它，甚至对这个软件还有点厌恶。

结果这样的事情真的发生了——Bob 失败了！它一上市，就受尽了冷嘲热讽。

微软为这个项目的失败付出了惨痛的代价。对于在这个项目组工作的人来说，Bob 教会了他们很多东西。这些经验对微软的后续产品产生了重大影响，并且在业界广为流传。

有多少人知道，Bob 2.0 的开发主管其实也是 Valve[①]的联合创始人，他还是《半条命》游戏的开发主管。迄今为止，他获得了 50 多款游戏的年度奖项，销售量超

---

① 　Valve Software 是一家位于华盛顿州的专门开发电子游戏的公司。它的第一个产品《半条命》在 1998 年 11 月发布。Valve 继续开发了它的后续作品和资料片，并因此获得巨大的成功，成为闻名遐迩的游戏开发商。——译者注

过 1 000 万，成为了行业内的奇迹。

Bob 1.0 的开发主管 Darrin Messena，最近在华盛顿获得了"年度技术创新者"的称号。还有 Mike Harrington，他是 Valve 公司的联合创始人，同时也是 Picnik 的合作伙伴——Picnik 现在是世界领先的在线图片编辑工具网站，每月的用户量接近 4 000 万，每天有 100 万用户同时在线。

最后，我们还不得不说一下 Melinda French，她后来成为了比尔·盖茨的夫人，在当时负责管理 Microsoft Bob 这个项目。Bob 是微软第一个面向消费者的项目，并且比尔·盖茨也亲自参与其中。不管这个项目的结局怎样，比尔·盖茨在这个过程中遇到了他的妻子。

无可争辩的是，Bob 是一个失败的项目。我们可以嘲笑它。但是在我看来，这个项目更多的是一次惨痛的教训，而不是一个笑柄。

除非你是一个幸运的软件开发者，否则你应该会经历比较多的项目失败。失败在这个行业是司空见惯的事情。可能你目前在做的一个项目即将面临失败，当然你现在可能还看不出失败的迹象；也许这个项目会因为某种不可预料的因素而夭折；或许，你的项目会存活下来，甚至赢得成功。但是，我深表怀疑。

我拥有 Microsoft Bob 的一份拷贝。我把它放在书架上，以时时提醒自己：这些无情的、难以避免的失败并不像我们表面上看到的那样会把人们打压得一蹶不振。恰恰相反，我相信，没有失败就没有成功。

Charles Bosk 是宾夕法尼亚大学的一名社会学家，为了找出导致外科医生成败的原因，他曾经与一群年轻的医生进行了交谈（这些医生们是从一个神经外科的训练项目中辞职或是被解雇的）。

他总结道，比起专业技能或者智商，成功更加需要的是一种探索的态度，它是一种对于可能性和失败后果的执着。"当我和那些被解雇的人交流时，我经常听到他们讲述一些可怕的故事，总是关于他们做错了些什么，但问题是，他们并没有意识到他们真正错在哪里。随着交谈的不断深入，我渐渐学会了怎样去辨别一个人能否成为一名出色的外科医生。这只需要简单的几个问题：'你犯过错误吗？'如果回答'是'的话，下一个问题是，'你觉得你犯过的最大的错误是什么？'那些回答'我并没有犯过大错误'或者'我犯过一些严重的错误，但是错误的原因并不在于我'的人是不会成为杰出的外科医生的。而那些具备良好潜质的人总会做出类似的回答：'我总是在犯一些错误。昨天刚刚发生了一件挺严重的事情，前因后果是这样的……'这些人棒极了！他们能对发生过的事情重新思考，并且找出应对方法。"

　　我最近看了一部纪录片，名为《The Battle to Save Pinball》[①]（拯救弹珠球的战斗）。

　　这是一个描述弹珠球游戏产业危机的故事，情节扣人心弦。为了拯救这个产业，Williams 公司（当时在美国仅剩的弹珠球游戏机的生产商）的工程师们当时肩负起了一个艰巨的使命：为弹珠球发明一种颠覆性的新玩法。此处我们略去经过，最后，令人称奇的是，他们做到了。

　　然而，在此之后，随着 Williams 公司关闭了弹珠球游戏机的生产线，这些工程师们很快都被辞退了。

　　与 Microsoft Bob 不同的是，Williams 的工程师们创造了一个革命性的产品，并且饱受褒扬，销售成绩也非常好，但是这些并没有改变失败的结局。到影片的结尾，随着工程师们参与进这个项目的讨论，一切变得明朗起来。

　　所有人都震惊了。我们无法理解为什么会这样。我们完全可以说我们是成功的，但是他们为什么要这样做？

　　管理团队给了我们一个无法达成的目标，但是我们做到了，我们做到了他们认

---

① 　这部影片的介绍片段：http://vimeo.com/1232459。——译者注

为我们做不到的事情。

你知道吗，其实我们并没有成功。我们失败了。我付出了所有。还有参与这个项目的其他 50 个人，他们也倾注了所有的热情，付出了最大的努力。

有时候，面对超出你的能力之外的因素，尽管你的项目完成了，但最终还是难逃失败的命运。虽然让人感觉异常沮丧，但这就是现实。

这部影片并不是一直都笼罩着厄运和忧郁的色彩。它还讲述了这些充满天赋的弹珠球工程师在被辞退之后的职业生涯。他们中的绝大多数人依旧在视频游戏或者弹珠球领域工作着——一些人成为了自由作家，还有一些成立了他们自己的公司。有一小部分人去了 Stern 弹珠球游戏公司，这家公司找到了制作少量弹珠球游戏机并且保持盈利的方法。

这两个项目的故事（失败的 Microsoft Bob 和成功却最终流产的弹珠球游戏项目）在失败的背后存在着一些共性。参与这些项目的所有工程师不仅从失败的阴影中走了出来，而且此后他们大都获得了更大的成功，或许他们所经历的失败就是直接诱因吧。

失败是一位很好的老师。但是，我们不需要自己去寻找失败；失败会自己找上门。不管你在做什么项目，怀揣着学习和锻炼的态度去完成它吧，这是绝对值得的！与项目的结果相比，过程才是最大的财富。

如果你没能从一个项目的过程中学到一点东西，这才是真正失败的项目。

激情造就天才

Jack Black 在《摇滚学校》[①]的花絮中有下面一段采访。

---

① 《摇滚学校》（School of Rock）是 2003 年上映的美国喜剧音乐影片，故事讲述的是摇滚乐主唱和吉他手杜威·费恩年过三十仍然一事无成。穷困潦倒的杜威听说本地要举办"乐队大战"比赛，刚好又凑巧听见附近私立学校一个吉他神童的精彩演奏，他决定组建乐队参加比赛。——译者注

我以前弹的都是木吉他。现在换成了电吉他，我必须要学一下。眼下弹电吉他的水平还不是很好。事实上，我木吉他弹得也不是特别好，但我会用我的热情来弥补。

除非你亲耳听到（看到会更好）Jack Black 的乐队 Tenacious D 的演奏，否则你是无法相信这个究竟有多么真实的。从音乐的角度来讲，弹奏其实并不完美，但是他们成功地通过音乐带给人们愉悦，通常还附带些幽默。

我是在看 Creating Passionate Users[①]博客上的一篇题为 "Users shouldn't think about YOU"（用户不该想到你）的文章时，才想起 Jack Black 的这段话的。这篇博文里面提到了下面的内容。

这个"我没什么了不起，所以我无需自我介绍"的计划只是"与你无关"这个试验的开始。我将会把剩下 5 天的课程全部用于让他们变得更加聪明，而不是让他们明白我有多聪明（其实我也并不那么聪明，所以这是我的明智之选）。

在长达一年的实践中，我的这个观点被证明是正确的。因此，我成为了太阳公司在北美获得潜在客户评估最优奖的 4 位讲师中的一位，还获得了一笔丰厚的奖

---

① Creating Passionate Users 这个博客主要写一些关于如何使得用户对他们的生活和工具充满激情的文章。网站的地址是：http://headrush.typepad.com。——译者注

金。值得一提的是，我并不是一名非常优秀的教员或者 Java 专家。我证明了，一个非常平凡的教员也可以通过全身心地关注学员来得到意想不到的好效果。我从不关心学员们是否了解我。

当我说自己是一名平凡的教员时，并不是故作谦虚。我基本上不会什么演讲技巧。当我刚到太阳公司工作的时候，甚至怀疑自己会被解雇，因为我坚持使用白板（在那上面，我画了很多奇怪的形状，以及难以读懂的代码）而拒绝使用幻灯片的教学方式。如果你从传统的演讲技巧的角度来评判我，我的的确确是一个平凡的教员，尽管我认为这种评判方式根本不合理。假设你教学上遇到了一个难题，解决问题的关键是，你要竭尽全力让你的学生变得更加聪明，去教会他们如何学习……这些通常与你所说的无关，而在于他们听进去了多少。作为教员，你必须创造各式各样的有利环境。练习、实验、辩论、讨论以及积极的互动，这些都非常重要。换句话说，真正起到作用的是他们自己亲自做的事情，而不是你做的那些（除了你创造的环境和氛围）。

事实摆在眼前，我也深有感触。我明白了一名优秀程序员的必备素质。千万不要被身边的很多天赋比你高的开发者吓倒。勤能补拙。**激情造就天才！**

勿以专家自居

对于权威，我心存芥蒂。我在 "Strong Opinions, Weakly Held"（观点鲜明，但不固执己见）一文中曾经说过下面的话。

当我了解到别人把我视为专家或者权威，而不是像伙伴一样的志趣相投者时，就会觉得局促不安。

如果非要我说在迄今为止的职业生涯中学到的一点东西的话，那一定是：当你用专家或者自以为洞悉一切的眼光去面对软件开发时，必将面临失败。

如果真的有所谓的专家的话，他们一定要比普通人更加不可信，因为他们不够客观。各位读者应该像怀疑身边所有的东西那样怀疑我写的内容。自己调查研究得来的数据应该胜过你从别人那里得来的信息，无论那些人被你、我、谷歌乃至大型社区认为有多么权威。

你和那些自以为是专家的程序员共事过吗？应该感觉很痛苦吧？我就有过这样的经历。你或许会说我已经对专家有了偏见。那么，维基百科（Wikipedia）和我一样——在维基百科上有一段标题为"给予专家编辑者的警告"的文字做了如下解释。

1．专家们会通过对经验和证书的展示来证明自己与众不同。如果总是默不作声，是没有办法向人证明自己的专业的。但事实上，通过这种方式来证明自己的专业是毫无意义的。

2．专家们没有解决编辑冲突的特权：如果一个专家和一个普通人对于某段内容存有争议，专家不允许摆架子宣判自己胜出。总之，在维基百科，不管你是不是专家，像"因为是我说的"这样的话是不会被接受的。同样，专家贡献的内容是不会被保护的，普通人可以在后面的版本对其进行修改。理论上来讲，编辑的质量才是决定性因素。

3．在维基百科，有一股强大的反专家思潮。如果你是专家，那么对你的要求会比对常人的更高。

在这里，我们可以体会一下这个由整个社区的人来维护的、自由的、开放的百科全书对于专家贡献的怀疑论。但是，这样做可行吗？

我想说，不去考虑这些内容的来源，而只靠对内容的严格审核，这恐怕是唯一可行的方法了。这是对于权威的一种激烈挑战。但是，这种挑战恰恰是必要的。这个世界上只有少数的专家，却有大量的普通人。当你想要建立一个包含各种信息的网站时，这些普通人的贡献是最最重要的。这是一个不规则的世界，里面装满了无穷无尽的细节。对于这一点的认识，恐怕没人能超过程序员了。每天与各种细节做着斗争的程序员，他们对当前的问题拥有最多的认识；对于这些细节，并没有多少专家能够了解。

于是，当人们普遍认为专家意见（往好了说）是不切实际，或者（往坏了说）是累赘的时候，成为专家还有什么意义呢？在最近的一次谷歌访谈中，James Bach 描述了一个后现代专家的典型形象——他就是《摩天大楼失火记》[①]中的 Steve McQueen。

（转向消防局局长）"Kappy，我们现在的情况怎么样？"

"火是从 81 层的储藏间开始的，烟非常大，我们目前无从得知烟已经蔓延到哪里了。"

"那排气系统呢？"

"应该会自动打开的，可能是引擎烧坏了。"

"那洒水器呢？"

"81 层的洒水器没发挥作用。"

"为什么？"

"我不知道。"

（转向设计师）"Jim，给我快速介绍一下这里的救火供水管系统。"

"每层都有 3 英寸和 1.5 英寸的出水口。"

---

① 《摩天大楼失火记》（The Towering Inferno）这部电影讲述了旧金山一座刚竣工的摩天大楼，因建筑商偷工减料，没有按照设计施工，存在严重的安全隐患，致使大楼在剪彩之日就因电路超负荷而引发大火。生与死的紧要关头，考验着大楼里的每一个人……这是一部电影史上经典的灾难片，曾获奥斯卡最佳影片奖提名。——译者注

"每分钟加仑数是多少？"

"从底层到 68 层是 1500，从 68 层到 100 层是 1000，100 层以上是 500。"

"这些电梯有应急程序吗？"

"有的。"

"那你打算从哪一层开始？"

"79 层。那里是我的办公室。"

"也就是火灾下面的两层。那将会是我们的前方指挥部。大家带上工具。另外我想看看从 81 层到 85 层各层的规划。"

"好的。"

（转向安保总监）"给我一份你这里的住户清单。"

"不用担心，我们正在把他们转移出来。"

"不是那些住在里面的人，而是那些在这里的商户。"

"我们很幸运，绝大多数人还没有搬进来呢，其余的晚上都下班了。"

"我想知道他们都是些什么人，不是他们现在在哪儿。"

"他们是什么人？这有什么关系吗？"

"有羊毛或者丝绸的生产商吗？这些材料燃烧之后会释放出氰化物气体。或者有体育用品的生产厂商吗，比如乒乓球？这些东西燃烧之后会释放出有毒气体。还要我继续往下说吗？"

"好吧，我去给你准备一份住户清单。"

（转向救火队长）"都准备了些什么？"

"升降机组，中央控制。货梯在这里。空调的输送管，6 英寸的。"

"管道都在这里吗？"

"1 个，2 个，3 个，4 个，5 个。"

"81 层有没有施工的地方？有没有易爆物，比如汽油、清洗剂？"

"我想没有。"

这段对话除了告诉我们 Steve McQueen 脾气不太好之外，还有什么呢？**作为一位专家，重要的不是告诉别人你知道什么，而是要清楚你应该问什么样的问题，并且灵活运用你所掌握的知识去解决眼下的具体问题。**作为专家，你的作用是提供明智的、可执行的方向。

我喜欢 James Bach 的演讲的原因是，他把演讲的整个前半部分时间都用在质疑和颠覆所有的一切上了，包括他的领域、专业知识，甚至他自己的名声和信誉。在那之后，他才通过一个持续学习的过程，慢慢地、小心翼翼地进行重塑。

第 0 阶段：我克服了漫不经心。

我现在明白了，我需要学点东西。

第 1 阶段：我克服了恐惧。

我觉得我可以学会这个科目或者技能。我会对它变得很了解，而不会惧怕比我懂得多的人。

第 2 阶段：我变得有条理。

我不再觉得自己不懂装懂或者不学无术。我觉得我有能力参与讨论或实践。我对自己说的话很有信心。

第 3 阶段：我超越了自身能力。

现在我觉得对自己有了更高的要求，不再停留在"过得去"而沾沾自喜。我想冒一点风险，富有创造力，不断学习，不断推动自己进步。我想要与那些充满热情的人共事。

James Bach 先生太有洞察力了，他就是我最喜欢的那种"海盗学者[①]"。他给新

---

① 海盗学者是指那些好学的、不被世俗或者权威所束缚的、用心去寻找自己的声音与定位的人。——译者注

近成为专家的那些人提了一些建议：

- 实践，实践，再实践！

- 不要把经验和专业知识混淆。

- 不要相信口口相传，但可以了解一下。

- 不要单凭信仰，要有自己的方法论。

- 拥有自己独特的学习方式——这点没人能帮你。

- 请爱惜羽毛。建立并维护自己的声誉。

- 孜孜不倦地收集资源、资料和工具。

- 建立自己的标准和道德规范。

- 避免那些庸俗的技能认证。

- 与那些自我要求高的同事一起工作。

- 多写，多说，保持诚实。

当然，Bach 先生在这里谈论的是测试，但我相信这些建议一样可以被用于程序开发，或者其他会用到你的专业能力的领域。从怀疑一切开始，而且一开始的怀疑对象更多的是自己。

如果你想成为一个真正的专家，而不是徒有虚名，那就效仿一下 Steve McQueen 吧——不要只是告诉别人该做什么，而要做一个善于问问题的人。

行百里者半九十

尽管我喜欢阅读编程类图书，但是我发现，软件项目管理方面的书是最令人厌烦的一类。我觉得，这可能意味着我不适合做项目经理。然而，我在 Stack Overflow 扮演的恰恰就是这个角色。

我并不是说软件项目管理方面的所有图书都"狗屎不如",但它们中的大多数就是这样。一些我认为很值得读一读的书中,有一本叫《门后的秘密:卓越管理的故事》,它是由 Johanna Rothman 和 Esther Derby 合著的。

读过这本书之后,你一定会觉得它是每个初涉软件项目管理的人必读的。你还会感觉非常沮丧,因为你一定没有和同样读过这本书的软件项目经理合作过。

我最早知道 Johanna Rothman,是因为 Joel Spolsky 在他的《Joel 谈优秀软件开发方法》这本书里引用了她的一些观点。她还写过一篇关于团队报酬的文章[①],读过之后让人如沐春风,并促使我重新审视了自己关于工作报酬的看法。你也应该读一读这篇文章。如果你是一位管理人员,还应该让你的员工读一读。

从那以后,我还在另外两篇文章里简单讨论过她的观点,它们分别是"Schedule Games"(计划时间表的游戏)和"Egoless Programming: You Are Not Your Job"(无

① 这篇文章的网址是:http://www.poppendieck.com/pdfs/Compensation.pdf。实际上,这篇文章的作者是 Mary Poppendieck。——译者注

我编程：你的工作不代表你）。不过，在这里我想重点讨论一下项目管理里的一个具体问题（在这方面，我显然不太擅长）：曾经有个播客的听众让我去回顾四月底我对于 Stack Overflow 开发的计划时间表，结果我发现，当时计划 6～8 周完成的事情实际上用了 3 个多月……

我碰到的麻烦是，自己几乎没办法把东西写出来，除非是在写博客。我前进的节奏很快，因此更喜欢在脑子里盘算正在做的事情，顶多再想一下我将接着做的下一件事。对于下面的这个场景，我感觉有些折磨人。

"Mike，你看。" Tomas 说，"我可以今天提交代码，并且可以说功能已经完成了。但是，以后我可能还需要 3 周的时间来进行一些扫尾工作。" Mike 问 Tomas 扫尾工作是指什么。"我还没有拿到公司商标，所以现在每页都是缺商标的；并且我也没有拿到代理人的名字和电话号码，所以每页的底部现在也没有这些信息。但这些基本都是小事情，其他重要的功能都已经完成了。我已经完成了 99%。"

看出这里的问题了吗？我知道，会有很多关于无法把所有事情罗列出来的借口，但这里最最根本的问题是什么呢？

这个软件工程师并没有一个清单，把自己要做的所有事情都列出来。这就意味着，即使他坚信自己已经完成了 99%，他还是不知道这个项目什么时候可以做完！他的时间表是没有真实依据的。

一个好的软件项目经理的任务就是，要在项目出问题之前及时发现并且找出问题之所在。怎么做到呢？鼓励并且强制要求程序员**创建一张他们所要做的全部事情的列表**。然后再为其中的每一项列出子项，并且尽可能把所有的子项都加进来。程序员们总是会遗漏一些什么，因为他们有时候想不到那么长远。一旦拥有了这么一个包含所有事项的列表，你就可以开始估算这个任务需要花费多少时间了。

在你开始去创建这个任务列表之前，所有关于时间表的想法都特别迷人。这种梦境确实美妙，但现实世界是无情的。

Johanna Rothman 在她最近的邮件简报中阐述了类似的观点，并且提出了几点建议用以**避免"只能完成 90%"问题的发生**：

1. 把你在一个大项目中要做的所有事情全部罗列出来，包括那些基础设施工作，比如配置源代码管理系统的分支。

2. 估计这个列表中每一项所要花费的时间。这种最初的估计可以帮助你看到整个项目大致将会花费多少时间。

3. 现在，再看看你列表中的每一项要花多少时间。如果有一项的时间超过一天，则把这项拆分成若干小项。这种将大任务拆分成小任务的方式是解决"只能完成 90%"问题的关键步骤。

4. 找出一种呈现任务状态的方式，以便那些感兴趣的人可以了解。如果你是一名员工，你打算怎样给你的经理看你的项目状态呢？或许你是经理，你想要看到哪些内容呢？你大概想要看到一个测试用例列表、一个演示或者是某种能够给你看到项目进度的形式。

5. 既然你已经拥有很多小的任务，并且这些任务所消耗的时间都在一天以内，你就可以每天追踪任务的完成情况。我喜欢把每个小任务的原定计划和实际完成时间放在同一张表上，这对于管理人员来说是非常重要的，他可以从这张表上看出某个人是不是被干扰了，抑或是在同时进行多个任务。

我不太热衷于计划时间表或者任务列表。但是，如果没有任务列表，就不可能有靠谱的计划时间表。这有点像挑战万有引力定律。因此，我们在项目中总是只能完成 90%。如果你想要让你的软件项目摆脱这样的困境，别像我一样费尽千辛万苦才找到方法。如果有人过问你的时间表，你应该要能拿出一张你要做的所有事情的列表。如果拿不出来，你所要做的第一件事情，就是要做出这么一张列表。

管理中要有信任

Marco Dorantes 在 2005 年的一篇博文中提到了另外一篇极好的文章，名为"Why Big Software Projects Fail"（为什么大型软件项目会失败）。这篇文章的作者是 Watts Humphrey，他曾经参与过 IBM OS/360 项目。在文章的一开始，Watts 即对自 2001 年以来软件项目完成情况的数据作出了分析。

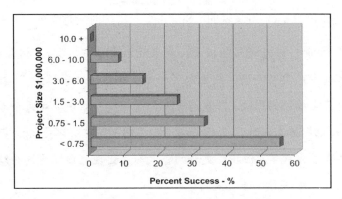

上图展示了按照项目的规模统计的 Standish[①]数据。当以这种方式查看的时候，我们会发现：一半的小项目取得了成功，但没有一个大项目是成功的。在近几年项目管理技术提高的前提之下，大型项目依旧无法成功，这不得不让人们开始怀疑大型软件项目是不是根本就无法管理。

项目失败的可能性和项目的规模有着千丝万缕的联系。我相信，这一点并不让人意外。很显然，在后院里筑一个狗屋比修建布鲁克林大桥[②]要容易得多。但令人惊讶的是，作者提议的对于大型软件管理的"完美"解决方案是：**信任**。

这触及到了独裁型管理方式的根源问题：信任。如果你信任并且允许你的软件人员和其他高科技专家进行自我管理，他们将会做得非常棒。不过，也不能盲目信任。你必须确保他们知道如何管理自己的工作，并且你必须监视他们，以确保他们在正确地工作。适当的监视并不意味着不信任，而是要对他们的工作表现出浓厚的兴趣。如果你不信任你的员工，你将无法使得他们全心全意工作，也无法发掘紧密的团队协作所能带来的巨大创造力和潜能。选择去相信你的员工吧！这是一个很大的信念转变，但是相对于结果而言，一切都是值得的。

---

① Standish 集团是美国专门从事跟踪 IT 项目成功或失败的权威机构，它每年都会发布 CHAOS 报告，给出 IT 项目相关的调查数据结果。——译者注
② 纽约的布鲁克林大桥横跨纽约东河，连接着布鲁克林区和曼哈顿岛，1883 年 5 月 24 日正式交付使用。大桥全长 1 834 米，桥身由上万根钢索吊离水面 41 米，是当年世界上最长的悬索桥，也是世界上首次以钢材建造的大桥，落成时被认为是继古代七大奇迹之后的第八大奇迹，被誉为工业革命时代全世界 7 个划时代的建筑工程奇迹之一。——译者注

如果不能给予团队成员一定的信任，你觉得这还是一个团队吗？另外，Watts 也提到，**信任是无法代替管理的**。信任并不意味着要让大家感觉良好，以期无为而治——这也正是 Paul Vick 为微软的"Shipit 奖"辩护时所抱怨的。

至于文章[①]后面对绩效考核的抨击，我只能祭出丘吉尔[②]的不朽名言："要不是由于其他所有的形式都行不通，民主制度会是最糟糕的政府模式。"毫无疑问，绩效考核可能会产生糟糕的影响，但我们有别的选择吗？难道要对每个人说"你干得不错"，然后让他们休息休息，喝喝牛奶，吃吃饼干？这并不是说没有别的更好或者更坏的绩效考核方式了，但在有更好的替代形式出现之前想要摒弃绩效考核，只不过是说得轻巧，图一时口舌之快而已。

Watts 说得没错！为了管理好一个项目，你必须客观地衡量团队成员正在做的事情——这种精妙的平衡被 DeMacro 和 Lister[③]称作为"闭眼度量"。

W. Edwards Deming[④]在 1982 年的《Out of the Crisis》（走出危机）一书中提出了著名的"戴氏十四点"，其中的 12B 那一点更像是事后添加上去的。

（12B）消除阻碍员工获得工作成就感的考评。这意味着，要废除年度考评或绩效评级，同时要废除 MBO（Management By Objectives，即目标管理）。

这一点甚至令那些自诩为 Deming 信徒的人都感觉很为难。他们步履维艰。如

---

① Joel Spolsky 曾经写过一篇题为 "Incentive Pay Considered Harmful"（金钱激励是有害的）的文章，网址为：http://www.joelonsoftware.com/articles/fog0000000070.html。——译者注
② 温斯顿·伦纳德·斯宾塞·丘吉尔，是一位政治家、画家、演说家、作家和记者，于 1953 年获得诺贝尔文学奖（获奖作品为《不需要的战争》），曾于 1940~1945 年及 1951~1955 年期间两度任英国首相，被认为是 20 世纪最重要的政治领袖之一，带领英国获得了第二次世界大战的胜利。丘吉尔那句名言的英文原句为："Democracy is the worst form of government except for all those others that have been tried."——译者注
③ Tom DeMarco 和 Timothy Lister 是大西洋系统协会的负责人。从 1979 年起，他们就在一起演讲、写作和从事国际性的咨询工作，主要涉及软件工程、生产力、估算、管理学和公司文化。——译者注
④ W. Edwards Deming（戴明）是世界著名的质量管理专家，他因对世界质量管理发展做出的卓越贡献而享誉全球。以戴明命名的"戴明品质奖"，至今仍是日本品质管理的最高荣誉。作为质量管理的先驱者，戴明学说对国际质量管理理论和方法保持着非常重要的影响。他认为，"质量是一种以最经济的手段制造出市场上最有用的产品。一旦改进了产品质量，生产率就会自动提高。"——译者注

果废了那些考评，那我们到底应该做些什么呢？Deming 的观点是，MBO 之类的东西其实是一种管理上的逃避。通过使用简单化的外在激励因素来提升绩效，管理者们实际上是在逃避更难做的事情，比如培养员工，调动个人主观能动性，建立思维活跃的团队，提升团队凝聚力，以及进行持续的工作流程分析和改进，等等。对此，我们的观点更为明确：任何区别奖励员工的做法都可能促进竞争。管理者们需要采取措施去减少甚至消除这种（负面）影响。

闭眼度量：为了使度量起到应有的效果，管理层必须自觉地"置身事外"。那些个人的绩效数据应该只被作为每个人进行自我评估的参考。只有整理过的平均数据才可以呈现给老板。如果上述规则被违反了（比如数据被用于升职或惩罚），数据收集的整个机制将会突然崩塌。其实，每个员工都会按照管理者的意图去提升自己，所以管理者并不需要这些数据。

如果这听起来很难，没错，因为现实就是这样。管理人是极其困难的一件事情。编译代码或是通过所有的单元测试呢？这些都是小事一桩。使你的团队通力协作呢？那完全是另外一回事。Joel Spolsky 对 Paul 的评论做出了回应，并重申了自己的立场：

"Shipit 奖"的愚蠢之处在于，它用一个代替品来混淆了发布一款产品对于员工的真正意义，管理层明摆着并不明白，发布产品这件事本身已经给员工带来了足够的激励。那些为微软立下汗马功劳的老一代核心开发人员们总是在嘲笑这个奖项。

Joel 对"Shipit 奖"提出的质疑，恰恰反映了 DeMarco 和 Lister 描述的那个管理陷阱。管理中的信任关系需要大量的投入和工作，而那些看似很容易做到的诸如Shipit 这样的奖项其实是在破坏这种关系。即使你只是在筑一个狗屋，请别走这样的捷径。

博伊德迭代法则

Scott Stanfield 曾经转发给我一篇 Roger Session 的文章，题为"A Better Path to

Enterprise Architectures"（通向企业架构更好的一条路）。尽管文章的标题带了"企业"这个很泛滥的词，但出乎我的意料，这篇文章写得挺好！

我特别喜欢 Roger 在文中独辟蹊径，使用一组类比来阐明了软件开发中迭代和递归方法的区别。他首先展示了 Colonel John Boyd 对于 20 世纪 50 年代的喷气式战斗机在操控过程中的独特性能的研究。

Colonel John Boyd 对任何空战都很感兴趣，而对于 MiG-15 和 F-86 之间的较量尤为关注。作为一名资深飞行员和飞机设计师，Boyd 对于这两种飞机都非常熟悉。他知道 MiG-15 的性能比 F-86 更加优异：爬升速度更快，转弯速度更快，可视距离也更远。

F-86 也有两个优点。首先，它拥有较宽的视野，相比于 MiG-15 的飞行员可以看到前方更远的地方，F-86 的飞行员可以看到飞机侧面的更多情况。其次，F-86 拥有液压飞行控制系统，而 MiG-15 的飞行控制系统是手动的。

一般飞机设计师普遍认为，飞机的可操作性是赢得空战的关键因素。毫无疑问，拥有更快的转弯速度和爬升性能的 MiG-15 可以完胜 F-86。

但问题在于，尽管 MiG-15 被飞机设计师们认为是优胜者，但飞行员们却更愿意驾驶 F-86。原因很简单，在与 MiG-15 的一对一的较量中，10 次中有 9 次是 F-86 胜出。

一种配置稍逊的飞机如何能持续击败另一种配置优良的飞机？作为史上最优秀的空战飞行员之一，Boyd 有他自己的一套理论。

Boyd 认为，空战中取胜的主要决定因素不是观察、定向、计划以及**更好地**操作，而是观察、定向、计划以及**更快地**操作。换句话说，能不能取胜就看飞行员能够多快地执行迭代。Boyd 暗示，迭代的速度胜过迭代的质量。

接下来，Boyd 提出了另外一个问题：为什么 F-86 可以更快地迭代？他总结的原因是，F-86 装备了液压飞行操纵杆而 MiG-15 只装备了手动操纵杆——在此之前，没人觉得飞行操纵杆有这么重要。

没有液压装备，移动 MiG-15 的飞行操纵杆会比 F-86 稍微多费一些体力。一旦 MiG-15 的飞行员移动操纵杆，尽管 MiG-15 可以更快转弯（或者爬得更高），但飞行员会消耗更多的体力。

每完成一次迭代，MiG-15 的飞行员都会比 F-86 的飞行员更加疲乏一点。随着疲劳的累积，MiG-15 的飞行员会需要更长的时间才能完成一次 OOPA 迭代——Observe（观察）、Orient（定向）、Plan（计划）、Act（操作）。MiG-15 的飞行员输就输在 OOPA 的速度上。

这就引出了"博伊德迭代法则"：**迭代的速度胜过迭代的质量。**

于是你不难发现，在现代软件工程的方方面面都有异曲同工之妙：

- 单元测试必须要小而快，以便每次编译时都能运行这些测试。

- 可用性测试这么做最有效：以两周为一个周期来做一些小改动，并且快速抛弃那些不好的部分。

- 大多数敏捷开发方法都建议，迭代周期不能超过 4 周。

- 软件测试就是（在将软件发布之前）让它提早失败，经常失败。

- 功能规范书最好能简明扼要，并且持续改进。

请记住：疑惑之时，唯有快速迭代方能突围！

十年磨一剑

Gmail 的原开发主管 Paul Buchheit 曾经说过，Gmail 的成功是一个漫长的过程。

Gmail 的开发始于 2001 年 8 月，在此之后的很长一段时间里，几乎所有人都不喜欢它。有一些人因为它的搜索功能而使用它，但他们也带来了无穷无尽的抱怨。甚至有相当一部分人认为我们应该终止这个项目，或者按照一个企业级的产品重做这个项目——它应该有一个本地的客户端程序，而不是这个异想天开用 JavaScript 做出来的东西。即使等到两年半之后的 2004 年 4 月 1 日，在这个产品发布之时，公司里的很多内部员工依旧对这个产品不看好。他们觉得这个产品太古怪了，没有人会愿意为之更换邮件服务。还有人告诉我，Gmail 的用户数绝不会超过 100 万。

但是自我们发布产品之后，除了那些因为各种原因而讨厌它的人，总体反响出乎意料得好。然而，Gmail 还是被打上了"小众产品"、"硅谷以外无人会用"的标签。

现如今，Gmail 已经持续发展了 7 年半。我看到一篇文章介绍说，去年 Gmail 的增长率是 40%，而相比之下，Yahoo 只有 2%，Hotmail 还降低了 7%。

如今，Paul 已经离开了谷歌，并且创办了名为 FriendFeed①的公司。很多业内人士并不看好 FriendFeed。Stowe Boyd 甚至认为 FriendFeed 就是个失败。不过，Paul 对于这些负面看法显得很淡定。

通常来说，创造一个伟大的新产品是需要时间的。FriendFeed 就像 6 年前的

---

① FriendFeed.com 是一个用于聚合个人 Feed 的在线服务。通过 FriendFeed，用户可以把自己在一些常用社交网络上的 Feed 信息聚合到一个 Feed 上，比如 Twitter 消息、YouTube 视频、书签、Flickr 图片等。——译者注

Gmail 一样，需要持续的改进和提高。FriendFeed 承诺了很多的功能，但是目前还处于开发状态。

我认为，但凡卓越的成功都需要多年的努力。能够例外的并不多见（除了 YouTube，但它其实还没有创造出巨大的财富）。Facebook 成长得很快，但它至今也已经过了差不多 5 年的发展历程。Larry 和 Sergey 是在 1996 年创办谷歌的，而我在 1999 年加入这家公司的时候，几乎没人听说过它。

一夜成名的传说容易让人误入歧途，并且遗毒不浅。如果你打算做一个全新的东西，要有打持久战的准备。但是，这不能成为你行动迟缓的借口。恰恰相反，你应该雷厉风行，否则你永远也无法达到目标，因为前面还有很长的路要走。这也是为什么要强调节俭的原因，你应该不希望自己在登顶之前就在半路上饿死吧？

Stowe Boyd 用了一张 Twitter 和 FriendFeed 对比图，阐述了他对于 FriendFeed 的观点。在这里，请允许我把 Stack Overflow 的数据也加到这张图上。

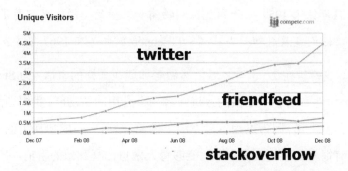

我觉得 Paul 的观点是振奋人心的，因为我对自己的创业公司 Stack Overflow 也持同样的态度。我并不指望一夜成名，甚至想都没想过。我的计划是，要花上几年的功夫去磨练，坚持不懈，以求稳步提升。

这个商业计划和我个人的职业生涯发展计划基本一致：**成功需要付出多年的努力**。这里的"多年"并不是我随口一说，也不像有些人鼓吹的那样"要更巧妙地工作，而不是更努力地工作"。我指的是真真正正的时间——这里的一年就是 12 个月，就是 365 天。你必须踏踏实实地在这件事上花费几年的时间去磨练，每天一醒来就开始工作，日复一日地坚持，不断地获取反馈，每一天都比过去做得更好。即使你偶尔会不开心，甚至失去了乐趣，但这些都是为了获取成功所必需的。

这是一个听上去很普通或者说一点都不有趣的建议。Peter Norvig 在他的经典文章 "Teach Yourself Programming in Ten Years"（花 10 年时间自学编程）中也曾谈到过这个话题，而且讲得比我好多了。

研究人员指出：在许多领域（诸如棋类、音乐创作、电报、绘画、钢琴、游泳、网球以及神经心理学和拓扑学的研究），想要达到专业水平都需要大约 10 年的时间。关键是要勤于练习：不是一遍又一遍的简单重复，而要不断地挑战略微超出自身能力之外的任务——努力尝试，并在做的同时以及之后对自己的表现进行评估，然后纠正错误。如此反复。

这看起来并没有什么捷径：即使像莫扎特这样的奇才，他 4 岁的时候就已在音乐方面崭露头角，但也花费了超过 13 年的时间才开始创作出世界级的音乐。披头士乐队貌似在一夜之间获得了很多 "第一"，并且在 1964 年的 "埃德·沙利文秀"①上一举成名，但他们其实从 1957 年开始就在利物浦和汉堡的小酒吧里演奏了。在他们早期成名之后，他们最最成功的唱片《Sgt. Peppers》也是在 1967 年才发布的。

老实说，我希望在 2～3 年之后依然做着和现在一样的事情：为 Stack Overflow 编写代码，努力地做着一个细微的改进或者一个有用的新功能。我们当然想要成功。但是在一定程度上说，因为过程本身充满了愉悦，最后成不成功其实就无关紧要了。尽管我们还有很多的事情要做，但是能够每天做自己喜欢做的事情，甚至身边还围绕着一群志趣相投的人，这本身已经是很好的奖赏了。

写博客也一样。对于那些有抱负的博主们，我常常给他们这样一条重要建议：如果你新开了一个博客，在 6 个月之内别指望有人会去读它；如果你有那样的期望，我敢保证你会非常失望的。但是，如果你能够坚持一整年，并且每周能够发布 1～2 篇高质量的博文，到那时候，也只有到那时候，你才可以寄希望于收获很小量的

---

① Ed Sullivan（埃德·沙利文）是一名美国娱乐作家兼电视节目主持人，因主持综艺节目 "埃德·沙利文秀" 而闻名。这个节目从 1948 年开始播放到 1971 年（共计 23 年），是美国电视史上播放时间最久的综艺节目之一，并曾邀请过如猫王、披头士乐队等知名艺人上节目。——译者注

读者群。我是在 2004 年创办 CodingHorror.com 这个博客的。我花了整整 3 年的时间，每周都写 3～5 篇博文，才使其成为了软件开发社区中较为流行的一个博客。

我渴望能一直在这个博客上以这样或者那样的形式写文章。这已是我生命的一部分。至于那点戏剧性的成就，我不抱有任何幻想。本质上来说，我也就是下图中"那个在互联网上写了那篇博客的人"。

我觉得这也没关系啊！我从来没说过自己是一个聪明人。

无论你这周获得了多少读者，或者页面访问量，乃至于某方面排名很高的指标，请记住，你正在做的事情是真正值得去做的。

如果你一直这样坚持下去，谁知道会发生什么呢？或许会在某天醒来的时候突然发现，你已经一夜成名了。

第 2 章
Chapter 2

编程之道

切忌一根筋

我在 2006 年写过一篇题为 "Programmers as Human Beings"（程序员，亦人类）的博客，文中我提到过自己当时正在读《编程大师访谈录》[①]。这本书出版于 1986 年，它收集了众多计算机行业先驱的采访实录。这本书里面所有的采访都是值得一看的，尤其是比尔·盖茨访谈中的一个回答，可以说是一语中的。

问：若要做好编程工作，必须积累很多年的经验才行吗？

比尔·盖茨答道："不是这样的。我觉得在最开始的 3～4 年之后，你是不是一名优秀的程序员就已经定型了。更多年的历练，只会让你更多地了解到大项目管理和人员管理。3～4 年的时间足以看清你的未来。在微软，没有一个人是在一开始几年毫无建树，而在后来出人意料地成为多面手的。通过和一个人聊他所写的程序，我可以马上看出他是不是一名优秀的程序员。"

我们已经知道，会编程的人和不会编程的人中间隔着一条鸿沟。

但是，在软件开发领域同样有类似的一句话，而这句话通常不为人所知：**优秀**

[①] 《编程大师访谈录》是对 19 位计算机行业先驱的采访实录，采访对象包括查尔斯·西蒙尼、比尔·盖茨、安迪·赫兹菲尔德、雷·奥奇、杰夫·拉斯金等。访谈涉及他们软件创造过程的灵感、技术、编程习惯、动机、反思，以及对未来软件的畅想等。问答中集结了这些计算机先驱的精辟言论，处处闪烁着智慧的火花。——译者注

的开发者和平庸的开发者之间存在着一条鸿沟。通过 4 年的专注编程，一位平庸的程序员会略有心得，但他始终无法蜕变成为一名优秀的程序员——优秀程序员所具备的素质似乎是与生俱来的。

我同意比尔·盖茨的说法。依我的经验，你要么是一名优秀的程序员，要么不是，这两者之间没有灰色地带。无论你多么埋头苦干，这点是无法改变的。但如果你能接受这一点，又会产生一个悖论：如果经验不能够使你成为更加优秀的程序员，还有什么可以呢？难道我们的技术水平永远不会提高吗？天资不够是不是就根本无望成为优秀的程序员了？

要回答这个问题，你必须要看到编程的痴迷本性。优秀的程序员擅长编程，非常地擅长，甚至你会称赞他们无与伦比。如果和我有点相像的话，他们应该会在计算机面前度过生命中所有可用的时间。随着时间的流逝，他们理所当然变得越来越优秀。有能力的程序员已经靠自身所掌握的编程技巧跻身于优秀程序员的行列了，但是如果你已经拥有了 97%的编程才能，是什么使得你获得最后的这几个百分点，并且最终脱颖而出呢？

随着年龄的增长，我开始愈加相信：**成为更加优秀的程序员的方法是抛开编程。** 你需要休整一下，放下编译器，好好评估一下自己正在做的事情。编写代码固然重要，但这只是整个过程中的一小部分。

DesignObserver.com[1]上有这么一段话，提到了一点不错的建议：

这么多年下来，我开始意识到，我最好的作品总是源于那些能够引起我兴趣的事情，更或者是那些我原本就感兴趣（甚至饱含激情）的东西——这种兴趣贯穿于设计工作的整个过程。我相信，我至今对平面设计仍然充满着激情。而平面设计的关键在于，它总是包含了一些与它本身并不太相关的东西，比如公司法、职业足球、艺术、政治、Rober Wilson[2]等。如果不能对这些事情产生兴趣，我就很难把设计师

---

[1] Design Observer 是一个致力于讨论各种设计话题的网站，包括：平面设计、社会创新、都市生活、流行文化和批判等。——译者注

[2] Robert Wilson（罗伯特·威尔逊），1941 年 10 月 4 日出生于美国得克萨斯州瓦克市，是一位国际知名的戏剧导演和舞台设计师。最知名的戏剧作品为《沙滩上的爱因斯坦》，此剧被誉为后现代主义的代表作品。——译者注

这份工作做好。在我看来，下面的结论是必然的：你的兴趣爱好越广泛，就越能胜任你的工作。

对编程有激情是一件很美妙的事情，但是它很容易让你迷失在你已经证明自己够格的一项技能中，并且越陷越深。为了真正地成为一名更好的程序员，你必须**培养自己对于编程周边所有事情的热情**。

后来在 2005 年的一次访谈中，比尔·盖茨继续阐述了他在 1986 年的观点。

工作的本质并不是闭门造车（埋头写代码），我相信这一点很容易理解。最最匮乏的人才是那些既对工程技术有超强的领悟能力，又可以与核心开发人员建立良好的关系，并且可以充当与客户、市场等之间桥梁的人。像这种工程管理人才，即使在微软也是很缺的，所以我们不得不经常鼓励一些人去尝试。

我很希望看到有更多人投身于这些职位。他们除了掌握基本的工程技能之外，也把人员管理和群体动力看作是一项对自己的历练。要是这样，那就太好了！

我们可以对这些人承诺，在他们从事这个职位的开头两年里，他们做的绝大多数事情都不是写代码，因为有很多方向可供选择。比如身处 Office 部门，你将参与创建这款神奇的产品，你会看到人们是怎么使用它的，两年时间很快就会过去，你要开发一个新的版本，并且深层次地改变生产力。你还可以做一些大胆的尝试，力求更加精准地满足客户的需求。

单单靠编程，你只能补足或者增强自己已有的编程技能，永远也无法成为一名优秀的程序员。你需要尝试去了解你的客户、你所处的行业及其相关的业务！

还是那句话："你的兴趣爱好越广泛，就越能胜任你的工作。"

破窗理论

在过去的一篇文章里，我曾经提到过"破窗理论"。对于下面这个实用主义程序员的观点，你或许很熟悉。

不要放任"破窗"（不良的设计、错误的决定或者糟糕的代码）不管，一旦发现就要尽快修复。如果时间不够，那就先把它隔离起来。你可以把这些令人不快的代码注释掉，或者显示"尚未实现"的消息，或者用虚假的数据来代替。你应该采取一些措施，以防止进一步的破坏，并且表现出一切尽在掌握之中的样子。

我们看到过，一些曾经运转良好的系统在发生了一些错误之后便迅速恶化。导致软件腐烂的因素有很多（我们会在别处再讲到这些因素），但相比之下，忽视问题会使软件腐烂得更加迅速。

对于程序员来说，这是一个非常好的建议。下面，我将试图把这个故事讲完整。

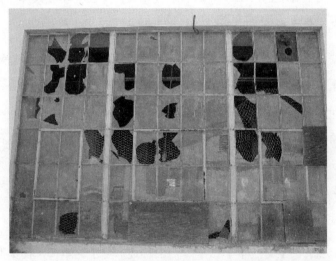

破窗理论出自于 1982 年的《大西洋月刊》上的一篇文章。这篇文章非常值得一读，因为你可以通过它深刻了解到这个理论背后"人"的因素。

从社会层面上看，无序和犯罪在发展顺序上通常是紧密相连的。社会心理学家和警察倾向于认为：如果一栋楼的一个窗户破了，并且留在那里不去修复，这栋楼的其余窗户都会很快被破坏。这种事情的发生与邻里关系无关。但它也并不会大规模爆发，因为一些地方住着有破坏窗户倾向的人，而另一些地方住着爱护窗户的人。然而，一个长久没修复的破窗户释放出来的信号是"没人管"，这会让人觉得，即使再毁坏更多的窗户也不会付出什么代价。（砸窗户一向是很好玩的！）

Philip Zimbardo 是斯坦福大学的一位心理学家，他在 1969 年的报告中向我们展示了他所做过的有关破窗理论的实验。他将没有车牌号的汽车分别停在 Bronx[①] 和 Palo Alto 的街头来进行对比。在 Bronx，因为这辆汽车看似被丢弃了，在 10 分钟之内就开始有人来破坏了。第一批破坏者是一个家庭，包括爸爸、妈妈，还有他们年轻的儿子。他们拿走了散热器和电池。在 24 小时之内，这辆车上几乎所有值钱的东西都被拿走了。在此之后，各种肆意的破坏还在继续——窗户被打碎，车饰被撕破，孩子们开始用这辆车来当作自己的游乐场。这些众多的成人破坏者中，绝大多数都是穿着体面的白人。然而在 Palo Alto，汽车在超过一周的时间里都没有遭到破坏。于是，Zimbardo 自己去用锤子砸了一下。没过多久，路过的人也加入了破坏大军。在几小时之内，车子被翻了个底朝天，并且被彻底毁坏了。同样，这些破坏者中绝大多数是白人。

对于那些出来找乐子或者抢夺的人，甚至那些从未想过自己会做出这样的事情，并且觉得自己遵纪守法的人来说，无人照看的财产成为了一个公平的游戏。这得归咎于 Bronx 地区的生活状况，以及当地的人口流动，汽车被丢弃以及东西被损坏和偷盗的频率，加上过去"没人管"的生活体会，这些都使得破坏行为发生得更加迅速；而与之相比，Palo Alto 就要好得多，那里的人们觉得私有财产是需要保护的，并且恶作剧是要付出代价的。但当公众的相互尊重和道德底线被"没人管"降低时，破坏行为将有可能发生在任何地方。

关于这一点，甚至有一本书做了专门的描述。至于这本书，我觉得有趣的是它关于混乱的看法：即使是那些看起来完全不相干的、琐碎的不良行为，比如在墙上乱涂乱画或者轻微的破坏，都会导致进入一个最终走向混乱的恶性循环。

我们认为，那些被忽略的行为也会导致社区秩序的沦落。在几年甚至几个月的时间里，再稳固的邻里关系——关爱家庭，相互关心对方的孩子，抵制不受欢迎的入侵者——也会发生变化，最后社区会变成一个令人恐惧而不宜居住的地方。一些东西被丢弃，野草长了起来，一扇窗户被弄坏；大人们对吵闹的小孩置若罔闻，小

---

① Bronx（布朗克斯）是美国纽约市的 5 个市区之一，是纽约市有名的贫民区，犯罪率在全国数一数二。20 世纪七八十年代，该区住宅区时常发生纵火案，直到 90 年代初纽约市政府大力打击后才有所改善。——译者注

孩们开始变得更加吵闹；一些家庭开始搬出去，陌生的人搬了进来；小年轻们聚在小店门口嬉戏，老板要他们走开，他们拒绝，于是发生了争斗；垃圾开始堆积，人们开始在杂货店门口喝酒；最后，一个醉汉倒在人行道上，睡着了，但无人过问；行人们开始碰到乞丐……

到这个时候，严重的犯罪行为将会发生，对陌生人的暴力袭击也变得不可避免。很多居民都会认为犯罪（特别是暴力犯罪）正在呈上升态势，他们会据此改变自己的行为。他们会尽量少地在街上走动；在街上的时候，他们会和路人保持距离，避免眼神接触，尽量不说话，并且走得很快，生怕被卷进什么事。对于一些居民来说，这样的情形对他们影响不大，因为邻里关系并不是他们的生活，而只是他们的寄生环境。他们的兴趣在别的地方。他们可以四海为家。但对于其他人来说，影响却是重大的。除了生活的柴米油盐，他们更需要在当地生活的一种存在感和满足感。对于他们来说，如果没有几个可以信赖的朋友交流交流，这种邻里关系名存实亡。

编程是非常注重细节的！如果你不能够掌控这些细节，你就会有一种失控的感觉，而你的项目失控也只是一个时间问题。**或许，我们就应该谨小慎微。**

要么热爱，要么离开

最近，有人在 JoelOnSoftware.com 论坛上发了一个帖子，题为 "Thinking of Leaving the Industry"（考虑转行）——面对如此不确定的经济大环境，某位程序员想知道选择软件开发作为职业是否正确。

在这里看过了很多程序员老鸟的牢骚帖子，也听了不少关于"程序员是吃青春饭的"和外包等方面的负面消息，我正在考虑转行……但是，转去哪个行业好呢，还能让我的编程技能成为一种优势？

下面是 Joel Spolsky 的回答。

尽管科技行业也不可避免地遭受了金融危机的牵连，但编程工作并没有真正被影响到。是的，我们得承认，现在的空缺职位少了一些，但它们依旧空缺着（我的招聘启事就是一个证据）。我至今还没遇到过一个没有工作的杰出程序员。我还没能招到足够的人，来填补我公司里所有的职位空缺。

我们拥有可观的薪酬。除了华尔街以外，没有其他的职业会付给刚出校门的菜鸟 75 000 美元（年薪），那么多长期拿着 6 位数工资的人也仅仅是本科学历而已。也没有其他职业能像这个行业一样，让你每天来上班就是为了发明、设计以及构造未来。

尽管偶尔会有一些白痴老板或工作场所禁止你把 Dilbert 漫画贴在你办公座位的墙上，但也没有其他行业会对员工这么好了。天哪，我说你们大概被惯坏了吧！你知道吗，在美国有多少人在工作时需要得到老板的允许才能去洗手间？

抱怨应该适可而止。其实，编程是一个很奇妙的职业。大多数程序员即使没有报酬也会想要去做。有多少人能把他们喜爱的事情当作职业呢？2%？还是 5%？

我倾向于认同 Joel "爱之深，责之切" 的观点。他似乎在（用我的诗歌体）说：

对于编程：要么热爱，要么离开。

除非你足够幸运在顶级的软件开发公司工作，例如谷歌、微软或者苹果，要不然你可能已经经历了同事之间技术水平上的巨大差异。我打赌你不止一次地想知

道，为什么你的一些同事不太会编程，而他们的工作职责明明要求他们会编程……

在过去的 20 年里，与我一起工作过的程序员当中，有不少其实配不上程序员那份薪水。我这里所说的不是一般的程序员。大家都是人，都会犯错。我指的是theDailyWTF.com（WTF 是 Worse Than Failure 的缩写，意即"比失败更糟糕"）的那帮人。那些人总是给编程抹黑，而你作为他们的同事，将会头痛不已。

像 Joel 一样，我并不觉得当前的环境能算是一次新的互联网泡沫，因为公司的业务仍旧不错。但前一次互联网泡沫的好处之一在于，**它淘汰了那些不是真正热爱软件开发的人**。一旦渴望成为一名网络天才程序员而一夜暴富的动力消失之后，全国各地高校的计算机专业的生源急剧下降。唯一留下来申请编程工作的，是那些真正热爱编程的怪人和极客。我真的非常享受和这类人一起工作，直到有一天，一帮淘金的野心家突然出现，并且污染了我们的工作环境……

随着互联网泡沫一个个破灭，我极其开心地看着这些人离去。现在我想知道的是，当前的经济环境是不是又是一次整顿清理的大好时机。

我的意思是，**这是一种最好的方式，因为并不是每个人都应该成为程序员**。你有多少次希望某个同事有一天会突然醒悟，并且决定软件开发这些事情并不是他们所能胜任的？你怎么告诉别人他们的工作质量有多么糟糕，而且他们以后也不会有长进，以致于他们听到后应该立即辞职，转而去从事另一个新的职业？我有很多次都想这么做，但是始终没有付诸行动。

Joel 暗示，优秀的程序员可以热爱编程到即使没有薪酬都会愿意去做的程度。我没有那么极端，但我注意到了一点：我所认识的最杰出的程序员，他们对所从事的事情都有着**终生的热忱**。他们绝不可能因为一次微弱的经济波动而转行去做其他的事情。这是不可能的！无论如何都是不可能的！

因此，如果一个程序员暗示过他很有可能要离开这个领域，即使只是闪过一丝这样的念头，那他可能也应该离开。当然，我没有说在这件事情上你做得有什么问题。但是，如果某个人在是否该以编程为业的问题上有丝毫的迟疑，他应该被鼓励去探索其他的选择，这样也可以腾出更多的位置来给那些不顾一切热爱着编码的程序员。

话又说回来，或许我不是最适合回答这个问题的人。我曾经花了整个平安夜去搭建服务器。现在我正在放假，坐在 Santa Barbara[①]的一家酒店的房间里，但你知道前两个晚上直到凌晨我都在做什么吗？我在写代码，为的是改进 Stack Overflow 网站。另外，我还写了这篇文章。

所以，我可能是有点偏见的。

简单之美

在软件开发领域，人们轻易就会陷入"越新越好"的思维模式，而忘记了"想法往往比代码更重要"。我们所做的事情中，也并不是所有的东西都会在 4 年之内被淘汰。"Evolution of Forth[②]"（Forth 的进化）这篇文章指出了 Charles Moore 在发明和实现 Forth 语言时的指导原则，它也恰恰证明了古老的计算机智慧的不朽魅力。

1. **保持简单**：在你向程序中加入更多功能的同时，程序的复杂度也在呈指数级上升。单单维护这些功能的兼容性就会轻易使得程序失控，更不用说保持程序内部的一致性了。如果使用本条基本原则的话，你就可以避免这些事情的发生。你可能接触过无视这一原则的操作系统。这一原则实施起来很难，因为所有的压力（包括内在的和外在的）都在极力迫使你把这些功能加入到你的程序中，毕竟添加这些功能也就需要几行指令而已，为什么不加呢？唯有依靠这条基本原则。如果忽视它，你凭什么反抗这些压力呢？

2. **不要妄加推测**：不要把那些你觉得可能会用到的代码加到你的程序中，也不要留下那些用于今后扩展的"钩子"。你可能要做的事情不胜枚举，所以千万不

---

① Santa Barbara（圣巴巴拉）是一座美国加州太平洋海岸城市，在洛杉矶西北约 130 公里，具有洛杉矶卫星城市性质。那里气候温暖，亚热带植物繁茂，美国开拓时代白壁红瓦建筑样式的街道使得城市别具风貌，是著名的游览地和海滨疗养地。——译者注

② Forth 是 Charles Moore（查尔斯·摩尔）于 20 世纪 60 年代末期发展出来的、在天文台使用的计算机自动控制系统及程序设计语言。由于其结构精简，执行快速，操作方便，广为当代天文学界使用。——译者注

要去做那样的事情。如果今后需要扩展，那就到时候再做吧。比起现在就做，今后你或许可以做得更好。如果以后由其他人来扩展这个程序，他会发现你当初预留的那个钩子吗？你会在你的文档里对这点进行描述吗？

3．**自己动手**：通常情况下，编程规范或多或少要求，你应该使用一个标准的子程序。但我认为，你应该自己亲手写一些子程序。在写自己的子程序之前，你必须知道怎么写。这实际上意味着，你之前必须写过这样的子程序。万事开头难。去试试吧。当你把同样的子程序反复写过十几遍——使用不同的编程语言，让它跑在不同的计算机上——你最后便会游刃有余！

我在 2004 年 10 月写过一篇题为 "KISS and YAGNI[①]" 的博客，文中就提到了上述的前两点。而这里的第 3 点更为微妙！这看起来公然违背了"不要重复自己"的原则，但是这里真正要表达的意思是，**你要在自己的不断犯错中学习成长**——对此，我也非常赞成！有些人只是听某人指示说"你应该总是为表建立索引，因为这是最佳实践"，然后想都不想就照做了；而另一些人自己摸索，他们发现，随着表中数据的增加，程序变得越来越慢了（你一定笑了，还有这种人……但是，我确实和这样的开发人员合作过）——这两种做事的境界有着天壤之别。亲自去体验肯定比浮于表面的阅读学得更快！

Charles Moore 认为，**简单必须被强制执行**，而不是作为一个可有可无的目标。他是对的——在很多时候，我都看到开发者难以保持程序的简单，因为他们没有在需要做艰难决定的时候坚持说"不"，而事事允诺，处处妥协却容易得多……

乐于删代码

我通常不喜欢那些人云亦云的帖子，但是 Ned Batchelder 的一篇题为

---

① KISS 即"Keep It Simple, Stupid"，意思是简单是一切之本。YAGNI 即"You Aren't Gonna Need It"，意思是你不可能需要它，不到万不得已，不要向程序中添加新功能。——译者注

"Deleting Code"（删除代码）的博文却是个例外。我常常和其他一些开发者遇到类似的问题，并且为此烦躁不已，但我又不能说清楚所以然。好吧，现在我可以了。

如果你有一段不再需要的代码，请真正地删除它而不是把它闲置在那里，其主要原因是为了去除掉噪音和不确定性。开发者面对的众多最困难的事情之一就是代码里的噪音或者不确定性，因为这会影响到他们将来的工作效率。

无用的代码留在那里会造成不确定性，因为这会引发其他开发者的思考：

- 为什么这段代码以前是这样写的？

- 为什么这段新代码更好？

- 将来我们会重新使用老代码吗？

- 我们的评判标准是什么？

如果上述任何一个问题的答案必须要让别人知道，那就写一段注释来说说清楚吧。不要让你的同事猜来猜去！

我曾经不止一次地被指责说删除了别人注释掉的代码。我反驳道，如果你能给我一个不删除的理由，那我就不会再删了。否则，我认为这是很正常的事情。根据我的经验，如果你留着那些无用的代码，只是说"哦，我回头再来处理"，结果往往是那些代码被永远遗忘在程序中，却给今后的开发工作平添了无穷的困扰。

你是程序员这块料吗

很多人推荐了这么一篇学术论文，题为"The Camel Has Two Humps"（骆驼有双峰）。它提出了下面的方法，能在计算机科学专业的学生接触到一个程序或者一门编程语言之前，判断出他们当中哪些人适合学习编程，哪些人不适合。

　　所有教授编程的老师都发现，他们的教学结果呈现出"双峰"现象。似乎他们的学生中有两类人：一类是会编程的；另一类是不会编程的。这两类人有着各自独立的贝尔曲线。对于编程的教学，基本上所有的研究都集中在"教"上：变换语言，变换应用领域，使用一个 IDE，引入激励机制，等等。但这些统统都不奏效，"双峰"现象依然存在。于是，我们发明了一种测试，通过它可以在授课之前把这两类人区别开来。我们挑选"双峰"中会编程的那些人。可能你现在还无法相信，但是在你看完之后，一定会相信的。我们还没完全搞明白为什么这种方法奏效，但我们有一些不错的理论支持。

　　我不曾想到，一个擅长编程的人和不擅长的人在这么早就可以被分辨出来。Dan Bricklin 曾经在他的文章中提到过这个话题，文章的名字是 "Why Johnny Can't Program"（为什么 Johnny 不会编程）。但是，对于那些教授计算机科学的人来说，这些显然已不是秘密。

　　自 20 世纪 50 年代电子计算机被发明以来，尽管世界已经发生了翻天覆地的变化，但有些东西却始终没变。特别是，**大部分人学不会编程**：每所大学的计算机学院都有 30%～60% 的新生在第一门编程课程上不及格。有经验的教师很清楚这种情况，但都已经心力憔悴了。一些聪明的年轻教师坚信过去的做法一定有问题，于是苦苦地探索着真相。自 20 世纪 60 年代这个课题被提出以来，已经差不多有两代人为此付出了努力。

你也许觉得，他们提出的用于鉴定编程天赋的测试会很复杂。其实不然。请看下面，第一道题是这样的：

请看清下面的语句，并在正确答案的旁边做上标记。

int a = 10;

int b = 20;

a = b;

a 和 b 现在的值应该是：

[ ] a = 20　　　b = 0

[ ] a = 20　　　b = 20

[ ] a = 0　　　b = 10

[ ] a = 10　　　b = 10

[ ] a = 30　　　b = 20

[ ] a = 30　　　b = 0

[ ] a = 10　　　b = 30

[ ] a = 0　　　b = 30

[ ] a = 10　　　b = 20

[ ] a = 20　　　b = 10

可以想见，专业程序员对此会不屑一顾。但是，别忘了，这个测试是给那些生平从未接触过代码的学生设计的。另外的 12 道题与上面这道题的风格一样。

这个试卷的作者们认为，学习计算机科学的最主要障碍是：

1．赋值和序列

2．递归、迭代

3. 并发

按照这样的顺序，我们首先测试初学者最先会遇到的障碍：赋值。测试的结果把学生清楚地分成 3 组：

- 44% 的学生对赋值的原理形成了一个稳定的思维模型（即使是错的）。

- 39% 的学生一头雾水，对于赋值的原理仍然琢磨不透。

- 8% 的学生交了白卷。

这个测试做了两次。第一次是在学习之前，第二次是在开课三周之后。比较两次测试的结果，最让人吃惊的是：这 3 组学生的格局几乎没有发生任何变化。要么你在第一次碰到赋值（编程中的第一个障碍）的时候就在心中立即形成了一个模型，要么你永远学不会。

作者们发现，学习编程能否成功与是否形成了稳定的思维模型有着莫大的关联。

很显然，Dehnahdi 的测试并不能完美区分出会编程和不会编程的人。然而，如果存在这样一个招生测试，让那些有稳定分数的人才会被录取，这样的话，两极分化的现象就会发生改变。在所有的 61 人中有 32 人（52%）不及格；而如果只在那个形成了稳定思维模型的组里计算，27 人中只有 6 人（22%）不及格。我们可以自信满满地说，我们有一个能在上课前就可以预测哪些学生会成功的测试方法，并且这种方法具有很高的准确性。据我们所知，这是到目前为止第一个能够预测成功的测试方法。

我强烈建议大家把这篇文章完整地读一遍。我曾经认为这会是一篇晦涩难懂的学院派论文，其实不然，它更像是一篇博文，充满了有趣的观点，就像下面这两段：

我们确实经历了一段时间，才有勇气相信我们自己的结论。尽管意识到目前的数据还不充分，我们的结论还只能算是一种推测，但在我们看来，第一次测试就区分出来了 3 个组，其中的决定因素是他们对无意义事物的态度。

形式逻辑证明，进而用一种叫编程语言的形式系统来表达，通过执行某种特别的计算得出结果，这其实是完全没有意义的。为了编写一个计算机程序，你必须做出妥协，赋予程序某种意义。但不管你想要这个程序做什么，计算机都会按照这些没有意义的规则运行，并且得到一些没有意义的结果。在测试中，那些有稳定思维模型的人都体现出了在这方面的先天接受能力，他们都有能力看见规则背后的数学计算问题，并且无论怎样都能够遵循那些规则。另一方面，那些没有稳定思维模型的人总是找不到头绪。而那些交白卷的人知道这是一件无意义的事，所以他们拒绝去做。

每个人都应该知道怎样使用计算机，但**并不是每个人都需要成为一名程序员**。然而，对于相当多的计算机科学的学生来说，似乎怎么也教不会他们编程，这还是有些令人担忧的。很显然，不是所有人都像我们这样痴迷于没有意义的规则和结论。但对我而言，有何不可呢？

你循规蹈矩吗

最近一段时间，我家里在做一些粉刷工程。这意味着，我需要按照涂料桶上的说明去做。

如果我没有按照说明去做，后果会怎么样呢？这里列出了一些普遍的粉刷错误。

最最常见的错误是，没有读懂或者没有按照生产商的说明去使用工具和材料。至于粉刷，最常见的错误是：

- 墙面不干净，没有用砂纸打磨过，没有涂底漆（如果需要的话）；

- 涂料调配不当；

- 粉刷工具上沾了过多的涂料；

- 使用了沾水的粉刷工具；

- 没有处理好墙面或天花板的潮湿问题就直接粉刷；

- 直接在光滑的瓷漆上粉刷。

特别有趣的是，**这些列出来的错误中没有一条与我的粉刷技术有关**。对粉刷匠的技术熟练程度居然提都没提到！为了保证质量，你不需要花上几周时间去锻炼你的粉刷技术。你甚至不必是一个出色的粉刷匠。你要做的只是按照桶上的说明去做！

当然，这些似乎都是常识。但是，在你开车经过的街道两旁看看，不知何故，你总能发现有些房子的主人没按涂料桶上的说明去做。

在过去的很多年里，软件开发一直是这种被粉刷坏的房子的缩影。但是现如今，软件开发领域已经足够成熟了，我们已经有了好多个可供参考的“涂料桶”。大概在 2000 年的时候，Joel Spolsky 在一篇题为 "The Joel Test: 12 Steps to Better Code"（12 个步骤，写出更好的代码）的文章里给出了下面的这个清单：

1. 你使用源代码管理系统吗？

2. 你能一步之内完成软件的一次构建吗？

3. 你每天都出版本吗（daily build）？

4. 你有一个跟踪 bug 的数据库吗？

5. 在写新代码之前，你先解决 bug 吗？

6. 你有最新的开发计划表吗？

7. 你有产品规范文档吗？

8. 程序员有安静的工作环境吗？

9. 你在使用最好的商业工具吗？

10. 你有测试人员吗？

11. 在面试过程中，你让应聘者写代码吗？

12. 你做可用性测试吗？

当然，你可选择的涂料种类（以及你须遵循的相应说明）是有很强的争议性的，而且见仁见智。但最最起码的是，请你保证在软件开发项目中按照"涂料桶上的说明"去做。

科里定律：坚守一个目标

在"Outliving the Great Variable Shortage"（应对变量短缺）一文中，Tim Ottinger 提到了"科里定律"（Curly's Law）：

一个变量应该代表一样东西，并且只能代表一样东西。它不应该在一种情况下代表这个意思，而在另一种情况下又代表不同的意思。它不能一次代表两样东西。它不能既是地板蜡，又是甜点上的打顶。它应该只有一个含义，并且自始至终只有一个含义。

在 1991 年上映的喜剧《城市乡巴佬》①中，伟大的已故演员 Jack Palance 扮演了一位白发斑斑的牛仔 Curly Washburn。科里定律便出自电影里的这一小段对话：

---

① 《城市乡巴佬》（City Slickers）是一部关于人生、牛仔和中年危机的喜剧片。3 个面临中年危机的纽约都市人，面对破裂的婚姻、乏味的工作和一成不变的生活，决定暂时抛开烦恼，到大西部加入从墨西哥到科罗拉多的"赶牛队"，体验儿时当牛仔的梦想。结果，三人在"赶牛队"的生活并不如西部电影中那般浪漫刺激，最后他们体验出："做一个真正成熟的成人，并不是一件容易的事。"——译者注

Curly: 你知道人生的秘密是什么吗？

Curly: （竖起了一根手指）就是这个。

Mitch: 你的手指？

Curly: 一个目标。就一个目标。你须坚持这个目标，心无旁骛。

Mitch: 但是，这个目标是什么呢？

Curly: （笑）这就是你要去寻找的。

科里定律：坚守一个目标。这个定律在现代软件开发的下面几个核心原则中都有体现。

- **Don't Repeat Yourself**（DRY，避免重复）：如果你有多种方式来表达同一件事情，总有一天，这两种或者三种不同的表达方式会失去同步。即使没出现这种情况，当需要做点什么改动时，你一定会因为要同时维护它们而感到头痛不已。改动总是会发生的。如果你想让软件保持灵活并易于维护，避免重复是非常重要的。

- **Once And Only Once**（OAOO，唯一一次）：每个行为的声明应当发生一次，并且只发生一次。当你重构代码的时候，如果这不是主要的目标，至少也应该是主要目标之一。设计的目标是为了消除重复的行为声明，方法是通过合并或者使用统一的抽象来替代多个相似的实现。

- **Single Point Of Truth**（SPOT，单点真理）：重复会造成不一致，并以一种微妙的方式破坏代码，因为在你需要修改所有的重复代码时，你可能只改了其中的一部分。这常常意味着，你没有好好地考虑代码的组织结构。每当你看到有重复代码的时候，你要知道那是一个危险信号。复杂是一种成本，不要加倍付出。

尽管科里定律完全适用于标准化和去除冗余，但"坚守一个目标"与上面的"每件事只做一次"的不同表述比起来，两者之间存在着细微的差别。科里定律更为深入，而 Bob Martin 将其称为"单一职责原则"（Single Responsibility Principle，SRP）。

单一职责原则指的是，就一个类而言，应该仅有一个引起它变化的原因。举例来说，看下面这个类：

```
Class Employee
{
Public Money calculatePay()
Public void save()
Public String reportHours()
}
```

这个类违反了单一职责原则，因为下面 3 个原因都会引起它的改变：

1. 薪酬的计算规则；

2. 数据库结构；

3. 报告时间的字符串格式。

我们不希望一个类受到 3 个完全不相干的因素影响。我们不希望每次报告的格式发生改变的时候，或者数据库管理员变更数据库结构的时候，再或者管理人员调整薪酬的计算方法的时候，这个 Employee 类总是要跟着改变。我们更希望把这些功能分拆到不同的类中，这样的话，他们就可以各自独立地变化。

科里定律告诉我们的是，要为每段代码选择单一而清晰的目标——坚持只做一件事。这一点已经很清楚了。但是，至于选择一个目标，实际上你要排除很多很多你可能做的其他事情。**科里定律同时也告诉我们，要有意识地选择你的代码不做什么。**这比选择做什么要难得多，因为它与软件开发者与生俱来的全能癖好格格不入。它可能意味着要把代码打散，违反传统的 OOP 规则，或者引入重复代码——我们的前进方式是"退一步，进两步"。

总之，每一个变量、每一行代码、每一个函数、每一个类、每一个项目都应该坚持一个目标。遗憾的是，我们通常要等到最后结束的时候才会发现那个目标。

最牛的编码套路

最近，我大量阅读了 Steve Yegge 的文章。其中有一篇叫"Practicing Programming"（练习编程），写成于 2005 年，读后令我惊讶不已。

与你所相信的恰恰相反，单纯地每天埋头于工作并不能算是真正意义上的锻炼——参加会议并不能锻炼你的人际交往能力；回复邮件并不能提高你的打字水平。你必须定期留出时间，集中锻炼，这样才能把事情做得更好。

我认识很多杰出的程序员——这是在亚马逊工作最好的额外"福利"之一。如果仔细观察他们，你会发现他们时时都在锻炼。他们已经很优秀了，但仍然不忘锻炼。他们锻炼的方法林林总总，而我在这篇文章中只会介绍其中的几种。

据我了解，这些杰出程序员之所以如此成功，就是因为他们一直在锻炼。完美的身材要靠定期的锻炼才能获得，而且必须坚持锻炼才能保持，否则身材就会走形。对于编程和软件工程来说，道理是一样的。

这是一个重要的区别——我每天都开车去上班，但我的驾驶水平远远不如专业车手；类似的情况，天天编程可能并不足以使你成为一名专业的程序员。那么，什么才能把一个普通人变成一名专业车手或者专业程序员呢？你需要锻炼什么呢？

答案就在《科学美国人》的一篇名为"The Expert Mind"（专家思维）的文章里。

爱立信提出，重要的并不是经验本身，而是"努力地学习"，也就是要不断地挑战自身能力之外的东西。一些狂热的爱好者花费了大量的时间去下棋，打高尔夫球或者玩乐器，但他们可能始终停留在业余水平，而一个训练有素的学生却可以在相对较短的时间里超越他们，原因就在这里。值得注意的是，在提高水平方面，花费在下棋上的大量时间（即使参加各种比赛）似乎还是比不过专门的训练来得更为有效。训练的主要价值在于发现弱点，并有针对性地进行提高。

"努力地学习"意味着，要常常去处理那些刚好在你能力极限上的问题，也就是那些对你来说有很大可能失败的事情。如果不经历一些失败的话，你可能就不会成长。你必须不断地挑战自我，超越自己的极限。

那样的挑战有时会在工作中碰到，但也未必。将锻炼从职业工作中分离出来，这在编程领域常被人称为"编码套路"（Code Kata[①]）。

---

① Code Kata 的概念是由 David Thomas 提出的，他是《程序员修炼之道：从小工到专家》的作者之一。这个概念主要指的是，针对某一种特定技术或技能进行重复性的练习，从而将其熟练掌握。——译者注

所谓套路，就是一系列的招式。这个概念借鉴于武术。

如果你想要看一些编码套路的例子（也就是努力学习和磨练编程技能的方法），Steve Yegge 的文章里倒是提出了一些不错的建议。他把它们称作为"实践演练"：

1. 写一份自己的简历。把自己所有的相关技能都罗列出来，然后把那些在 100 年后还用得到的标出来。给每个技能打分，满分为 10 分。

2. 罗列出你所景仰的程序员。尽量包括那些与你一起工作的人，因为你会在工作中从他们身上获取一些技能。记录下他们身上的 1～2 个闪光点，也就是你希望自己有所提高的方面。

3. 查看维基百科上的"计算机科学"栏目，找到"计算机领域先驱者"这个分类（网址：http://zh.wikipedia.org/wiki/Category:计算机领域先驱者），从这个列表中挑选一个人，阅读他的事迹，并且在阅读时打开任何你感兴趣的链接。

4. 花 20 分钟通读别人的代码。读出色的代码和读糟糕的代码都是有益的，两者都要读，轮流切换。如果你无法感觉出它们之间的区别，可以求助于一位你尊敬的程序员，让他给你展示一下什么是出色的代码，什么是糟糕的代码。把你读过的代码也给别人看看，问问他们的看法。

5. 罗列出你最喜欢的 10 个编程工具——那些你觉得你用得最多、缺了它们不行的工具。从中随机挑选一个，花一个小时去阅读它的文档。在这一个小时里，努力去学习这个工具的某个你不曾意识到的新功能，或者发现某种新的使用方法。

6. 想一想，除了编程之外你最擅长什么事情？再想一想，你是通过怎样的锻炼才变得如此熟练和专业的？这对于你的编程工作又有什么启发呢？（怎么把这些经验应用到编程方面？）

7. 拿出一叠简历，并和一组面试官在同一个房间里待上一个小时。确保每份简历都至少被 3 个面试官看过，并且要给出 1～3 分的评分。针对那些不同面试官评判大相径庭的简历展开讨论。

8. 参与一个电话面试。事后写下你的反馈，抛出你的观点，然后与主持电话面试的人聊一聊，看看你们是否达成了一致的结论。

9. 进行一次技术面试，并且被面试的人应该是某个你不太了解的领域里的专家。让他假定听众在该领域里一无所知，因此请他从最基础的讲起。努力去理解他所说的，必要时问一些问题。

10. 有机会参与别人的技术面试。期间，你只是认真地听，认真地学。在应聘者努力解决技术问题的同时，你也要在自己脑子里尝试解决这些问题。

11. 找到一个能和你交换实际问题的人，每隔一周，相互交流编程问题。花 10～15 分钟来尝试解决这些问题，再用 10～15 分钟进行讨论（无论能否解决）。

12. 当听到任何一时间你也无法解决的面试问题时，赶紧回到你的座位上，把这个问题用电子邮件发送给自己，以留作日后的提醒。在那一周里找出点时间，用自己最喜欢的编程语言来解决它。

我之所以喜欢 Steve 开出的这个清单，是因为它看上去很全面。有些程序员一想到"锻炼"，总认为就是一些编码上的难题。但在我看来，**编程更在于人，而不是代码**。因此，通过解决世上所有的、晦涩的编程面试题目，来提高你的个人能力，这种方法是有局限的。

关于"努力地学习"，我也很喜欢 Peter Norvig 在 "Teach Yourself Programming in Ten Years"（花 10 年时间自学编程）一文中提出的诸多建议：

1. 与别的程序员交流。读别人的代码。这比任何书籍或培训课程都更重要。

2. 动手写程序！最好的学习方法就是边做边学。

3. 在本科或研究生的课程中学习编程课程。

4. 找一些项目来做，并且需要与其他程序员形成团队来合作。在项目的进行过程中，学会辨别最出色的程序员以及最糟糕的程序员。

5. 在项目中跟随别的程序员一起工作，了解如何维护那些不是你写的代码，并且学习如何写出利于他人维护的代码。

6.　学习多种不同的编程语言，特别是那些与你现在所熟悉的语言有着不同的世界观和编程模型的。

7.　了解硬件对软件的影响。知道你的计算机执行一条指令需要多少时间，从内存中取出一个字（在有缓存或没缓存的情况下）需要多少时间，在以太网（或者因特网）上传输数据需要多少时间，从磁盘中读取连续的数据或者在磁盘上跳转到另一个位置需要多少时间，等等。

你还可以从 Dave Thomas 的 21 种实用的编码套路中获取灵感（CodeKata.com），或者你更愿意加入一个你家当地的"编程武馆"（CodingDojo.org）。

对于"努力的学习"，我无法像 Steve、Peter 或者 Dave 那样提供一个长长的建议列表。我远不如他们有耐心。实际上，在我看来，"编程套路"只需下面两个招式。

1.　**写博客**。我在 2004 年初创办了 CodingHorror.com 博客，作为我自己努力学习的一种形式。它在一开始很不起眼，到后来成为我职业生涯中做过的最重要的一件事。所以，你也应该写博客[①]。最后"闻达于天下"的人，往往就是那些能够有效书写和沟通的人。他们的声音最响亮，是他们在制定游戏规则，并且引领世界的潮流。

2.　**积极参与著名的开源项目**。所有的高谈阔论听起来都很好，但是，你是一个大话王还是一名实干家呢？别光说不练，这个非常重要，因为人们会用你的行动来衡量你，而不是你的言论。努力在公众面前留下一些实实在在有用的东西吧，到时候你就可以说："我在那个项目中出过力。"

当你能编写精彩的代码，并且能用精彩的言辞向世人解释那些代码时，到那时候，我会觉得你已经掌握了最牛的编码套路！

---

① 参见作者的另一本书《高效能程序员的修炼》的第 1.3 节"如何培养写作习惯"，人民邮电出版社（2013 年）。——译者注

孤独的人是可耻的

喜爱软件开发的人，是不是那些宁可与计算机打交道也不愿意与人打交道的反社会、反人类的人呢？如果是这样的话，随之而来的问题是，所有的软件项目最好都由一个人来独自完成吗？

对于第一个问题，可以勉强回答"是"；但对于第二个问题，我们要响亮而又坚决地回答"不"。网上有一篇很不错的文章，名叫"Creating My Own Personal Hell"（打造我自己的地狱），它解释了独自编程的危害性，读后让我深感震撼。

有些人宣称，"独自工作"为建立起自己的工作流程提供了极好的机会。但是，根据我的经验，在团队只有一个人的时候是没有流程可言的。没有任何东西可以帮你抵挡住如潮水般涌来的大量工作。当你的代码太急于求成时，没有人去纠正你的错误。没有人检查你的代码。没有人保证你的代码能准时提交，打好标签，进行常规的单元测试。没有人保证你遵循了某个编码标准。没有人督促你及时修复代码里的缺陷。没有人检验你是否把一个实际存在的问题标注成了"无法重现"。没有人复核你的估算，在你玩忽职守的时候把你抓回来。

　　没有人在你生病时或者出差时接过你的工作。没有人在你工作繁重时帮助你，在你深陷于骚扰电话、无聊会议，还有在最后关头忽然被扔过来（但需要立即解决）的杂碎任务时，没有人能拉你一把。没有人忽然有奇思妙想，帮助你走出困境。没有人在设计、架构或技术上与你合作。你在一个真空中工作；在真空中，没有人能听到你绝望的尖叫。

　　如果你读到了这些内容，请以此为鉴。如果某个公司只招你作为唯一的一位开发者，在你答应他们之前请三思。那根本就是另一种地狱。如果有机会的话，请选择那些能与其他开发者一起工作的职位，这样你至少可以在与别人一起工作的过程中得到指导，这有助于你发展自身的技能，让你在技术方面与时俱进。

　　对于在现实的荒漠中被很多无能的同事和糟糕的管理人员包围而感觉束手束脚，甚至感到绝望的很多软件开发者来说，独自工作是一个非常大的诱惑。独自工作意味着对于一个软件项目的完全掌控，在方方面面拥有最终的决定权。但是，与授权别人一起开发相比，完全自己一个人开发是极其脆弱的。就像是一个移动中的海市蜃楼，它给你极具诱惑力的希望和慰藉，但当靠近它的时候，你会变得比一开始更加饥渴和虚弱。

　　像很多程序员一样，由于性格内向，我在小时候就被计算机所吸引。与没有明确的对和错、到处充斥着不合理但又无法解释的人类世界和社会相比，计算机的世界是那么的平静，尽是 1 和 0 的理性组合，这片绿洲似乎要诱人得多！事实上，计算机并不比人强，但真见鬼，它们比人更容易让人懂。

　　在互联网盛行之前的早期年代，搞计算机的的确确是一件孤独的事情。Danielle Bunten Berry（《M.U.L.E.》游戏的创作者）总结了这样一句名言：**没有人会在临终前说，"哎，我懊悔没有花更多的时间与我的计算机单独相处。"** 8 位的编程时代已经离我们远去了。互联网的出现，以及软件不断增长的规模和复杂性，更是让人坚信：在当今这个年代，我们几乎不可能脱离互联网进行编程。当没有网络的时候，也就无法进入互联网上浩瀚的编程知识海洋，我会感到寸步难行……

　　如果你不能展示给别人看，再漂亮的编码技巧又有什么意义？如果你不去接触其他程序员的不同观点、不同方法以及不同的技术，你又怎么能学到更多的技艺？谁又能检查你的代码并告诉你，那个问题其实有更简单的解决方法？**如果你对待编**

程的态度是认真的，你应该要求与同伴们一起工作。

个人的能力总是有限的，它决定了你在这个领域里只能走那么远。找一些其他的聪明程序员吧，和他们一起工作。努力让自己保持谦逊低调，然后你会很快发现，**软件开发其实是一种社会活动**——它的社会性比大多数人认为的要大得多。你可以从那些性格内向的同伴身上学到很多东西。

你有编程伙伴吗

自从有了编程伙伴来帮我查看代码之后，我总能够惊奇地发现我的代码提高了很多。我并不是说那种在会议室进行的正式的代码评审，也不是那种把代码公布到匿名的网络上让人详细审查的方式，更不是某种麻烦的"结对编程"。我所做的，**仅仅只是向我的编程伙伴展示并解释我的代码而已**。

当然，这并没有什么新奇的。Karl Wieger 写了一本非常棒的书——《软件同级评审》，它自 2002 年开始就已经被业界奉为圭臬了。

　　我觉得，没有人会怀疑"多一双眼睛审查代码①"所带来的价值，但是总有些制度上的惰性百般阻挠它的发生。在"来自朋友的帮助"那一章里，Karl 给出了下面的解释。

　　忙碌的开发人员有时候不愿意花时间去检查同事的代码。当同事邀请你检查他的代码时，你可能会想，他是不是缺乏自信？他是不是想让别人帮他出主意？一些代码评审的反对者甚至这样讥讽道："那些需要代码评审的软件开发者是不合格的，不应该给他们发工资"。

　　在健康的软件工程文化影响下，团队成员通过结对的方式来提高他们的工作质量和生产力。他们明白，他们花在查看同事工作上的时间，总会在别人反过来查看他们自己的交付物时得到回报。我所认识的最杰出的软件工程师都会积极寻找能帮他们审查代码的人。事实上，这些开发者之所以如此杰出，部分原因就是他们从很多代码审查者那里获得了宝贵的建议。

　　作为上面那一章的补充，你还可以再参考一下第三章"同级评审方法的正式化频谱"。这些章节在作者的个人网站（ProcessImpact.com）上都能找到。这不是纸上谈兵，在这背后是有真实数据作为支撑的。多份研究表明，代码审查有非常惊人的效果：

　　在平均缺陷发现率方面，单元测试只能达到 25%，功能测试可以达到 35%，而集成测试也不过 45%。相比之下，设计和代码审查的平均功效可以达到 55% 和 60%。

　　所以，你为什么不做代码评审呢？或许只是因为你还没有找到一位编程伙伴！

　　还记得那些学校组织的郊游吗？那时候，每个人都被要求找一位伙伴，并且要与他形影不离。这样做是为了尽可能保证每个人的安全。其实，这在软件开发中也是一样的。**在你签入代码之前，和你的伙伴一起看一遍代码。**你可以解释这些代码吗？这些代码合理吗？你有没有忘记什么？

　　下面这张图很有意思。

---

① 参见作者的另一本书《高效能程序员的修炼》的第 5.4 节"结对编程与代码评审"，人民邮电出版社（2013 年）。——译者注

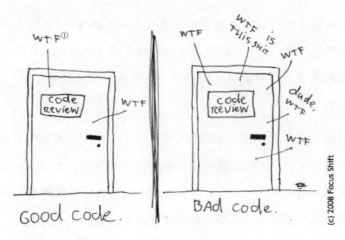

太棒了，我愿意一整周都待在这样的房间里。

不过，这张图恰恰反映了现实。开展有效的代码评审本来就没那么复杂。你完全可以和编程伙伴用"每分钟骂人的次数"来衡量代码的质量。极限编程社区多年来一直在力推结对编程，但是我认为，（较为松散的）伙伴机制更加现实，并且效果是一样的。

另外，谁不想成为万人瞩目的双人组合中的一员呢（哪怕组合只是临时性的）？

---

① WTF 是 What The Fuck 的缩写，是骂人的话。代码评审者在看到糟糕代码的时候常常会爆粗口。——译者注

跟结对编程（与另外一个人一起束缚在同一台计算机前）相比，编程伙伴的方式显然更为激动人心。想想经典的双人组合吧：

- 蝙蝠侠和罗宾

- Tango 和 Cash

- Lennon 和 McCartney

- Mario 和 Luigi

- Starsky 和 Hutch

- Siegfried 和 Roy

- Turner 和 Hooch

- Abbott 和 Costello

- Crockett 和 Tubbs

- 乔布斯和沃兹尼亚克

- Bert 和 Ernie

- Ponch 和 Jon

- Hall 和 Oates

- Cheech 和 Chong

个人可以做很伟大的事情，但是两个积极性很高的同伴在一起工作时，他们可以完成得更加出色。当然，至少你要有一位程序员与你一起工作，而且这个人必须是你钦佩的或者至少是相当尊敬的，这样才能发挥伙伴机制的功效。（要不然，你可能需要考虑换一家公司。）

编程有很多的乐趣，其中一点在于："你不必独自一人去做。"所以，我想问你的是：**"谁是你的编程伙伴？"**

软件学徒制

在"Software Training Sucks: Why We Need to Roll it Back 1,000 Years"（软件培训真糟糕：为什么我们需要倒退 1 000 年）一文中，Rob Walling 为抛弃传统的培训课程，转而倡导"学徒制"提出了有力的论据。

为什么不使用久经考验的方法呢？让我们举个电工学徒的例子：在今天的美国，国际电气工人兄弟会（International Brotherhood of Electrical Workers，IBEW）每年都会培训数千名电工。他们通过两种不同的方式来学习：

1. 参加夜校，学习电气理论知识。

2. 在工作日的白天，到建筑工地上去亲手实践理论，并从中获取经验。

在他们上岗的第一天，每个人都会被分配一位熟练工师傅——师傅是一位经验丰富的电气技师，他会向学徒传授窍门。一开始，师傅通常会把任务讲解给学徒听，然后示范，接着让学徒亲手做，并在任务完成后提出反馈意见。这个过程简单来说就是：听（Listen）、看（Watch）、做（Do）、评审（Review）。

联系到软件行业，理想情况应该是这样的：导师先评估手上的任务（比如需要编写数据访问代码，或者建立一个基于 Web 的用户界面），然后召开一次白板会议与学徒进行讨论（听）。接下来，导师可能会写一段示范代码，以说明一个特别困难或者容易混淆的概念（看）。到这时候，导师就可以放手让学徒去编写代码，以便他们获取第一手的经验（做）。最后，导师应该检查学徒的代码，并提出正面的反馈，指出不足之处以及改进建议（评审）。这就是听、看、做、评审。

任何类型的学习关键在于"做"这一步。大多数的软件培训课程只是让你"听"和"看"，而忽略了"做"和"评审"，但最后这两步才是促进成长和技能提升的关键。学徒制强就强在，它让理论和实践浑然一体，而且做起来没有你想象的那么难。

与其组建松散的部落联盟，也许我们应该在软件开发中培养从"学徒"到"熟练工"，再到"专家"的这种关系。

晚上学习理论，白天编程工作——这种组合方式特别有效。我曾经看到很多有潜质的实习生最后变成了出色的开发者，或许原因就在于此——他们在学校里学习计算机科学的理论知识，同时还可以在现实的商业项目里实践编码。

然而，当一名好导师可不容易。对于那些技术水平远在我之下的人，我几乎无法指导他们。我太没耐心了！如果你想让足球运动员们在同一块场地里打训练比赛，请不要把职业球员与高中生球员混在一起。他们在技术上的差距太大了，导致他们没办法真正地把比赛打起来。连比赛都打不起来，他们还能怎么学习呢？但是，如果你放一些大学生球员进去，效果就完全不一样了！

第3章
Chapter 3

Web 设计原则

网站的评判标准

2011 年的时候,我曾经受邀担任 Rails Rumble 大赛的评委。遗憾的是,因为工作太忙,那年我没有参加。次年,我又一次收到了他们的邀请,于是欣然接受了。

Rails Rumble 是一个分散式的编程竞赛,每个团队有 1~4 名成员,他们来自世界各地,需要在 48 小时之内用 Ruby on Rails 做出一个有创意的 Web 应用,或者开发出另一种 Ruby 应用框架。在 48 小时之后,一组专家评委将评选出 10 名优胜者。

我收到了一封邮件,通知我评审可以开始了。于是,我摩拳擦掌,端坐在 3 个显示器面前(当然是为了更好地做出评判!)……看到总共有大约 340 个参赛作品,我傻眼了!

　　我有点被这个数字吓到了。也许我们可以先排除 5% 的作品，因为那些显然不完整或者尚未完工。于是，还剩下 323 个参赛作品需要去评判。我个人觉得，除非真正地看过每一个参赛作品，要不然我是无法心安理得地给出评判结果的。因此，我必须为每个 Web 应用保留一定的时间，真正地去了解它们。一旦这么做了，如果我不在每个 Web 应用上至少花 30 秒的时间去看它们的首页，难以想象我能做出恰当的评判。

　　老实说，我自己需要先去熟悉一下，连同页面加载的时间总共算 10 秒吧，再加上用 30 秒的时间去看每个作品的首页。这样一算，我总共需要花费 3.5 小时。要知道，我的时间何其宝贵啊！这么多时间，我可以用来解决很多疑难杂症，或者到 lolcats.com 上去看看可爱的猫咪也好啊……即便这样，我仍然感到内疚，因为我在每个参赛作品上只花了半分钟的时间。在这么短的时间里只对参赛作品的首页匆匆扫几眼，随便点几下，然后就做出了评判，这对参赛者公平吗？

　　但后来，我顿然领悟到：的确，**在 30 秒内做出评判是完全不公平的，但那也恰恰反映了现实世界中的真实情况**。用户在你的网站上点击、浏览也许也就 30 秒的时间，然后他们就会做出决定：要么是值得继续浏览，要么就点击浏览器上那个万能的"后退"按钮而离开。不要嫌 30 秒太少哦，因为来自加拿大的一份研究表明，用户在一秒钟之内就会对网站做出评判。

　　卡尔顿大学（位于安大略省）的 Gitte Lindgaard 博士带领了一些研究人员，想要发现人们形成第一印象的速度有多快。他们是这么测试的：让一系列网页依次在屏幕上闪过，让它们分别停留 500 毫秒和 50 毫秒，然后让参与测试的用户给网页评分。结果是，不管采用哪种更替频率，参与者的评选结果是一致的（尽管页面在屏幕上显示得越久，结果就更一致）。然而，在短短 50 毫秒之内，参与者的匆匆一瞥就已经形成了印象判断。这种情绪上的第一印象具有"光环效应"，它会影响到人们对网站的其他特性的认知与判断（包括可用性和可信度）。

　　切换网站的机会成本是极小的，只需轻击鼠标或者动动手指。在为 Rails Rumble 当评委的过程中，我了解到了最重要的一点，那就是**你的网站首页需要给人一种眼前一亮的感觉**。当然，这并不是全部，但你也不要浪费了给访客留下好印象的第一次机会。或许，这也是你能得到的唯一一次机会。

在评审的过程中，我不能肯定自己已经充分了解了那些应用，为此我十分抱歉。不过，我无意之中收获了很多关于**如何打造出色的网站首页**的心得。我愿意拿出来与大家分享，也给 Rails Rumble 未来的参赛者们提个醒：

1. **加载速度要快**。我之前讨论过"性能是一种特性[①]"。你的网站首页加载得越快，我就能越早决定它是否值得我继续浏览。如果你的网页很慢，我就会抱怨；你越慢，我就越反感，最终我会对你失去兴趣，然后转身去做别的事情。我需要成为一个高效的猎食者。那就意味着，行动要迅速。因此，快速加载是重中之重！

2. **这到底是什么东西？** 你要面对的第一个挑战不是编程，而是要解释你将解决什么问题，并且为什么世界上会有人关心这个问题。你需要在你的首页上进行"电梯推介[②]"：在 30 秒内，你能否对一个完全陌生的人解释清楚你的应用的意义何在？是的，写作简洁明了是一门艺术，但是请你反复磨练，一遍又一遍地不断解释，直到你的解释被打磨得如同钻石般璀璨。当你可以自信地走在大街上，面对任何素不相识的人，在你向他们描述你的工作时，如果他们的眼神没有流露出无聊或者恐惧——到那时候，说明你已经准备好了，你也找到了适合放在首页上的文字。

3. **给我看一个例子**。好吧，假设你正在做一个超级分类工具，可以在 Facebook上分享"豆豆娃娃"。听上去不错哦，让我成为你的天使投资人，将来我就可以从那些诱人的数十亿美元里分一杯羹。想法是挺好的，但是所有人都知道：光有创意是不够的，执行力才是关键[③]。除非你展示给我看，否则我对你的创意将如何落实毫无头绪。至少你应该弄出一些截屏，好让我知道如果我使用你的应用会怎么样，再加上一些利润丰厚的真实例子。真的真的拜托你，看在上帝的份上，请不要让我

---

① 参见作者的另一本书《高效能程序员的修炼》的第 3.8 节"性能致胜"，人民邮电出版社（2013年）。——译者注
② 参见作者的另一本书《高效能程序员的修炼》的第 3.7 节"你的团队能通过电梯测试吗"，人民邮电出版社（2013 年）。——译者注
③ 参见作者的另一本书《高效能程序员的修炼》的第 3.6 节"创新以人为本"，人民邮电出版社（2013年）。——译者注

注册，点击视频，观看幻灯片或者做任何不合理的事情。兄弟，只有皇家贵族才有那么多闲工夫。请展示给我看，别废话！

4. **清清楚楚地告诉我要做什么，并且扫除障碍**。对那些极少数能成功通过以上 3 项测试的应用，我决定投资了：我现在愿意花更多的时间去探索。我下一步该做什么？我会去哪里？你的任务就是让我更容易地做出选择。我有一个指导原则，所谓的"在你的首页上放一个屁股那样大的、亮闪夺目的黄绿色按钮"。你甚至可以放多个，但我认为不能超过两个，并且按钮上的文字需要自说明，比如"分享你最喜爱的豆豆娃娃→"或者"制作你梦寐以求的毛绒服装→"。如果在这一步你要求用户登录，我强烈建议你扫除这个障碍，并且让我在无须登录的情况下看到一个真实的例子，体验一下你搞的到底是怎么回事。如果你确确实实非常棒，你会把我从未登录状态平滑过渡到登录状态，并且不会让我在登录之前所做的事情白费。

5. **拥抱你的受众，即使这意味着要把其他受众排除在外**。即使你做到了上面所有的这些，可能还是不能引起我的兴趣——这完全不是你的错。比如，你做出了世界上最具创造性和颠覆性的 Web 5.0 "宠物小精灵"，但是仍然有很多人对此一点都不在乎，因为他们对"宠物小精灵"不感冒。这不是你的错，当然也不是他们的错。你需要接受这个观念：**成功的一半源自于了解你的核心受众，而不是把这个核心淡化了以迎合"所有人"**。不要试图把你的想法强加于我，认为所有人都应该关心婴儿、开发票、体育运动、上学或者别的什么。只有那些真正需要关心的人才会去关心，他们才是你的目标受众。要对自己有点信心，这么去做吧！

我意识到，Rails Rumble 只给了参赛者 48 小时，就要求他们从头开始构建一个完整的应用。我并不期望每一个作品都有一个超级专业、令人叹服的首页，当然我也不会那样去评判。但是，我必须重申：**在任何 Web 应用中，设计首页的基本草图是你应该做的第一件事情，因为它是至关重要的初始设计文档，也是你的远景声明**。除非你一上来做的首页遵从了上述 5 个原则，否则你的应用将在大部分评比中落败，更不用说去征服互联网上那些狂野的猎食者了。

追求简单

John Maeda 把雅虎和谷歌在 1996～2005 年期间的首页拼接在一起，然后抛出了他的观点：**追求简单更在于把简单进行到底。**这件事引起了不小的波澜！

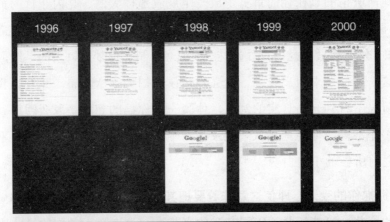

尽管 Philipp Lenssen 也曾谈论过类似的话题（他称之为"门户网站的灾难"），但是 John 这次仍然称得上语出惊人。Altavista[①]犯了同样的错误，因此它没能存活下来。

---

① Altavista 是全球最知名的搜索引擎公司之一，同时提供搜寻引擎、后台技术支持等相关产品。这家公司成立于 1995 年，并于 2003 年被雅虎收购；雅虎后来在 2013 年 7 月 8 日将其关闭。
——译者注

在 Seth Godin 所著的《紫牛：从默默无闻到与众不同》一书中，作者讲述了一件关于谷歌专注于极简主义的趣事。

事实证明，谷歌的员工因为一封批判他们的电子邮件而不能自拔，足见他们的态度很认真。有个人每隔一段时间就会给他们发来一个邮件，而且从来不署名。据谷歌的 Marissa Meyer 说，"每次他写邮件过来，信的内容只有一个两位数的数字。我们为此费尽思量：这到底是什么意思呢？最后我们发现，他是在算我们首页上的字数。每当数字变大时，他就会不太满意，并把新的字数通过邮件告诉我们。这听起来有点疯狂，但他的邮件却帮了我们的忙，因为这些邮件在时时告诫我们的 UI 团队不要引入太多的链接——这其实挺有趣的，就像是一台秤，它告诉你，你又重了两磅。

无独有偶，37Signals.com 竟然也"把更少当作一种竞争优势"，并因此而闻名。

一般人认为，要打败竞争对手，你必须要胜过他们一筹。如果他们有 4 个功能，你就需要有 5 个或者 10 个，甚至 25 个。如果他们投入了 ×，你就要投入 × ×。如果他们有 20 个，你就需要 30 个。

尽管这样的策略在某些情况下是有效的，但是它的代价高昂，属于资源密集型，执行起来很艰难，而且过于注重防守，因此结果也并不能令人很满意。我认为，这对客户也没啥好处。这完全是一种冷战思维——总想要高人一筹。当所有人都在尽力使自己高别人一筹时，我们最终都会把事情做过头。大家都在嚷着要做"更多"，但我们真正需要的是简单的解决方案，我们要解决的也是一些简单而普通的问题——这些问题不能被无限放大，因此我们也不需要宏大的解决方案。

在这里，我想建议一种不一样的方法。与其争上风，不如试着低调一些。与其过度作为，不如试着少做一点。比你的竞争对手少做一点，以此来打败他们。

可用性大师 Donald Norman 认为，谷歌和雅虎之间的对比纯属误导，随后他揭开了谷歌所谓的"简单"的真相。

谷歌简单吗？不。谷歌迷惑了我们。它把所有的复杂都掩藏在背后，而只在首页上放一个简单的搜索框。这里的关键是，如果你要做一些别的事情，其他的搜索引擎可以让你在他们的主页上做，因此谷歌让你通过复杂得多的其他网站去搜索。为什么这些网站不联合起来呢？为什么谷歌不做一个统一的应用程序呢？为什么有这么多古怪的独立服务呢？

我觉得 Donald 的分析完全搞错了方向，因为我不想做任何其他的事情——我只想找到我想找的东西。就像 Damien Katz 一样，我相信"功能多样性并不是关键"。

人们并不关心你的架构设计有多么灵活、多么出类拔萃。他们不希望纠结于设置，也不愿意困惑（别让他们停留在茫然状态超过 10 秒钟）。他们只想要简单。他们只想把他们的事情做完，然后再去做别的事。他们不希望花费时间去学习，因为他们知道等到下次需要再做的时候，或许已经忘记了。

不管以何种形式，我们应该总是追求简单！

应用会取代网站吗

自 1999 年以来，不管是作为买家还是卖家，我一直是 eBay 的热心用户。这么多年下来，eBay 已经从原先一个极客们买卖破旧激光笔的地方，演变成了一个商家可以向客户销售任何东西的全球性市场。如果你想找某种古怪、冷门的东西，哪怕它们已经停产了，或者想以便宜的价钱获取一些来自灰色市场的物品，eBay 仍然是一个不错的地方，值得你去瞧一瞧。

至少对我而言，eBay 这么多年来一直是挺有用的。但它有一点始终没变：eBay 的网站总是那么难用，导航太复杂！他们最近更新了网站，去掉了一些遭人唾弃的东西，但网站还是太过于复杂。对于这么一个不合潮流、复杂的网站（website），我想我已经安于现状了，因为我不曾意识到它已经变得如此糟糕，直到有一天我尝试了 eBay 为手机和平板定制的应用程序（apps）——两者之间的用户体验真是有天壤之别！

eBay 的网站看起来是下面这样的。

eBay 为手机和平板定制的应用分别是下面这样的。

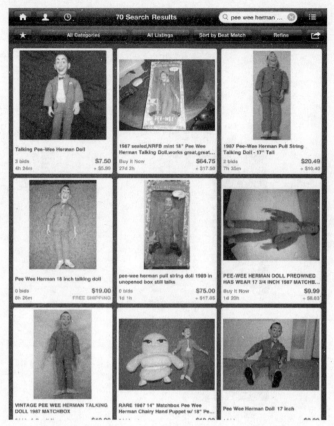

　　除非你已经是 eBay 的超级用户，否则你或许应该远离他们的网站。相比之下，他们为手机和平板定制的应用显然更加简单、易用，性能也更好。这是我在移动设备和计算机上分别使用过 eBay 后的直观感受，不过，这个结论也是有可用性研究数据支撑的。公平地说，eBay 的网站源于 20 世纪 90 年代后期的信息大量集中的设计理念，他们为此背负的债很重，而手机和平板上的应用体验却是最近的创新。**倒不是说 eBay 在手机和平板上的应用有多好，只是他们的网站实在太差了！**

　　这里隐含的教训是：**应该拥抱约束**。拥有固定色调的 UI 控件和有限的屏幕空间其实是一种力量。这种力量原本在 Mac 和 Windows 的早期应用中也曾有过，但随着应用程序变得越来越强大和复杂，这种力量在不知不觉中消失了。同样的问题也出现在了互联网上，自 1999 年以来，eBay 网站的功能就一点一点积淀，结果才变得如今这般复杂。现代的网络浏览器几乎赋予了开发者无限的自由，不管什么样的 UI，只要你能想得出来，它们都能支持；网页可大可小，开发者可以无拘无束——最后的结果往往是给用户带来了损害。这当然也是 eBay 所面临的问题。

如果你正从头开始，你应该从设计 UI 入手[①]。考虑到如今我们需要支持大量的手机和平板，你更应该让你的网站设计优先去适配这些有着最严格约束的移动设备。这也就是 Luke Wroblewski 提出的"Mobile First"（移动优先）的设计策略。它能帮助你专注于简单有序的 UI，即使在日后扩展到更大、更强劲的设备时也能比较从容。也许 eBay 正好搞错了方向。**我们应该从简单设计入手，必要时按比例放大，而不是一开始就把事情搞得很复杂，然后被迫收缩。**

简单至上！我们还能更进一步吗？如果为手机和平板优先设计能带来更好的用户体验，为什么我们还需要网站呢？是不是手机和平板上的应用将取代网站？

为什么应用比网站更好？

1. **运行得更快**。原生应用不像浏览器那样有 CSS、HTML 和 JavaScript 的负担，它们只是根据用户的需求获取精确的数据，然后单纯利用设备本身的 UI 元素把数据显示出来。

2. **使用简单的原生 UI 控件**。与其让 UI 设计师和程序员天马行空，为什么不选择手机或平板上的自带控件呢——它们都是为设备做过特别优化的，而且已被用户广为接受？

3. **更好地利用了屏幕空间**。因为设计师需要专注于在 4 英寸的手机屏幕或者 10 英寸的平板屏幕上显示重要的东西，他们不会把那些不相关的累赘或者花哨设计（或者，呃，还有广告）加入到设计中。是的，只有那些重要的东西！

4. **更适合于移动环境，甚至离线的情况**。在移动的世界里，你不能假设用户有超快的网速或者非常稳定的网络连接。因此，应用的设计演变为：仅在需要显示的时候下载必要的数据，而且下载多少，显示多少（哪怕内容或图像显示得不完整）——这种策略显得非常理智。你可能还会支持某种离线模式，以兼顾到用户在路上（没有网络连接）的使用场景。

---

① 参见作者的另一本书《高效能程序员的修炼》的第 7.4 节"用户界面须优先设计"，人民邮电出版社（2013 年）。——译者注

为什么网站比应用更好？

1. **网站可以运行在任何设备的浏览器上**。网页的呈现形式已经被全世界广泛认可。只要有一个兼容 HTML5 的浏览器，你就可以立即在设备上使用世界上的任何"应用"，而这些仅需要从一个链接开始——这也正是自 1995 年以来所有人在互联网上习惯的方式。至于客户需求的满足，你根本无须担心找不到开发者。

2. **网站不需要安装**。与网站不同的是，应用程序不能被直接访问到，谷歌也没为它们建立索引。应用不会神奇般地出现在你的设备上。你必须先安装它们。尽管有时安装也只是一次点击的事情，但是你的用户也需要在安装之前找到这个应用啊。况且，在安装之后，用户必须要像管理"宠物小精灵"一样管理所有那些应用。

3. **网站不必手动升级**。网站总是在不断升级（没有版本的概念）。然而，一旦把应用安装到设备上，你将怎样来给它增加新的功能或者修复残留的 bug 呢？用户怎么知道他们的应用已经过时而需要升级呢？再说了，为什么要给用户带来这些麻烦？

4. **网站提供了统一的用户体验**。如果你的应用和网站表现出来的行为差异很大，实际上你在强迫用户学习两种不一样的界面。你打算支持多少种设备，构建多少不同的应用，而它们之间能达到多大程度的一致呢？你们内部将会因为不同的用户体验而产生分歧，用户群也会碎片化。但是，如果一个网站融入了良好的手机体验，你就可以统一所有设备上的用户体验——这不是很棒吗？

我不认为应用和网站之间的较量已经分出了胜负，只能说它们各有利弊。不过，**应用总是需要网站的**。网站最起码是数据的源头，是移动设备的"家"。况且，应用本身也需要网站这么一个地方存放，以供用户下载到各种设备上去。

如果你负责构建一个网站，为什么不在一开始就考虑让它在手机或平板的浏览器上也能有不错的用户体验呢？我并不是反对你针对某种特定的设备进行优化，以达到绝佳的用户体验，但请你不要止步于此，难道不是所有的用户都应该获得绝佳的体验吗？eBay 的问题并不在于手机或者平板本身，而是他们过度摧残了核心的网站体验。我明白，eBay 身上有太多的包袱——过时的工具和老用户的使用习惯——正是这个原因，作为旁观者的我才可以提出如此彻底的变革方案。而对于 eBay 来说，也许只有在新平台上他们才可以进行全新的设计。

手机和平板上的应用会取代网站吗？有一些会吧；这也在情理之中。但只有在网站表现得愚蠢之极时，它们才会有机可乘。

切忌墨守成规

因为我提倡一种非标准的方法，Jon Galloway 在一段评论里点了我的名。

Web 表单已经成为一种规范。用户已经被培训了 10 年，他们很清楚怎么去填写这些表单。如果采用其他方法，用户会感到困惑，有些人还会落荒而逃（丢掉购物车，等等）。Web 表单很有效，我们都知道如何使用它们。你给出的例子在很大程度上违背了"别让我思考"的原则。

从某种意义上来说，他是对的。**就编码而言，正如 Steve Rowe 指出的那样，协调一致总是优于标新立异。**

Peter 在课堂上反复强调的一些建议才是本文的重点。可能有人会问，"我难道不能以一种时髦的方式来做这件事吗？"他回答道，"你可以，但是没人希望你那样，因此你也别那样做。"他的立场是，作为程序员，我们不要自作聪明。我们应该尽可能采用与其他人一样的方式去做事情。为什么呢？因为在编码这件事上，你不是单兵作战。即使真是你一个人，你下一次接触那块代码也将是 1~2 年之后了。如果你做了些玄妙的东西，后面的人看到代码之后将不能马上理解。其结果无非就是下面的二者之一：他们必须花上 10 分钟才开始有点明白你当初的意图；或者更为糟糕的是，他们认为你做错了，然后以一种不太玄妙的方式来"纠正"你的错误。两种结果都是不理想的。除非你是单干，而且代码是一次性的，否则你必须以一种容易被理解、易于维护的方式去编写代码。

在写代码方面，抱着"试一试这种方式怎么样"的态度显然是不明智的。Alex

Papadimoulis 很风趣地指出了这一点。

有个客户请我定制了一个货架，还要我帮他安装。在准备把货架固定起来的时候，我碰到了一个问题：我该用什么来敲钉子呢——旧鞋跟还是玻璃瓶？

a）这就得看情况了……如果你是在往诸如干板墙的东西上钉一个 20 磅的小钉子，你会发现用瓶子要容易得多；尤其是在你的鞋子还很脏的情况之下。但是，如果你要往木头上钉一个很粗的钉子，那还是用鞋子比较好一点——要不然，瓶子会砸碎在你手里。

b）你做这件事的方式存在根本性的错误。你需要使用真正的工具！没错，这意味着你要去打开工具箱（甚至跑一趟五金店）。但是，用正确的方式做事会节省你的时间和金钱，还会延长产品的使用寿命。除非你真正理解构造某样东西的基本要素，否则你不应该花钱动手去做。

然而，如果说到用户界面，一致性却并不总是好的。**用户界面应该内部保持一致，但横向与世界上的其他应用程序保持一致就没必要了**。也就是说，有些 UI 元素在大众文化里已经根深蒂固了，为了一致起见，它们应该被保持。典型的例子有：

* 右上角的搜索框；
* 左上角的商标（Logo），并且点击之后能回到主界面；
* "前进" 按钮和"后退"按钮。

但是，不是所有用户界面规范都是同等重要的。有些是久经考验的；有些就是缺省情况下被使用的，它们的存在只是因为没有人正儿八经地提出足够的质疑；还有些已经不合时宜，变得越来越不适用了。问题是，**我们怎么来区别真正有益的规范和不合格的"规范"呢？**

答案当然是，尝试多种不同的方法，收集用户使用数据，并以此来判断什么可行、什么不可行。这种做法（相对而言）对于 Web 应用是容易的——亚马逊、雅虎和谷歌经常这么干，他们在这方面已经"臭名远扬"——他们把一些试验性质的功能特性推给一小部分用户，收集数据以分析这些功能是如何被使用的，并把这些数据作为决策的依据。

在用户界面方面，如果我们总是墨守成规，超级好用的 Tivo UI 还会诞生吗？还会有惊艳的 Windows Media Center 吗——它的电视界面可完全不像 Windows？Office 12 会抛弃传统的工具条和菜单，转而使用新颖的功能区来组织界面吗？真见鬼，我们还会从纯文字年代过渡到 GUI 年代吗？

我认为，**用户界面方面的试验不仅值得去做，而且也是必要的**。如果不做试验，我们的用户界面就不会进化。关键是，我们必须采用正确的做事方式：

1. 全面了解当前的规范以及它形成的缘由；

2. 偏离这个规范需要有理有据；

3. 在试验过程中收集用户使用数据；

4. 基于数据做决定。

如果你不收集用户使用数据，或者你的理由是"这样看起来更好"，那么你就是在犯错误，还不如老老实实地遵循规范呢！

诡异的单键设计

我喜欢使用 iPhone，但我对它的一个设计不敢苟同：苹果始终坚持，设备的正面永远只能有一个按键。

　　我还买了一个 Kindle Fire，它更离谱，一个按键都没有！我完全赞成，**任何小器具的正面都应该在明显的位置上至少有一个"耶稣把手"**①**一样的按键**。让我好奇的是：为什么亚马逊决定不为 Kindle Fire 设计任何按键，而其他型号的 Kindle 设备都有一个"Home"键？亚马逊常把设备的第一代产品做得比较粗糙，这是有前科的。我相信他们会在后续的 1～2 代之内把"Home"键加回来。不过，这东西才卖 199 美元，我愿意为他们的疏忽买单。至少在眼下，总体上来说我对它还是认可的。

　　甚至苹果也做过没有任何按键的设备，比如第 3 代的 iPod Shuffle。你必须在耳机上双击或连按 3 次才能完成像跳到下一首歌这样基本的功能。顺便说一下，这也意味着你的老耳机都没用了，至少跟这款 iPod 是不兼容的。还好，第 4 代的 iPod Shuffle 迅速纠正了这个错误，物理按键重新回归到了设备上。第 5 代设备采用了触摸控制——这是意料之中的。

---

① "耶稣把手"的英文是"Jesus Handle"，原指汽车车窗上方的把手，一般是在车速很快或道路颠簸的时候供乘客抓取以保持平衡的，看起来像在祈求耶稣的保佑，因此得名。口语中也常称作为"oh shit handle"，因为人们在这种情况下常常会脱口骂出"oh shit！"。——译者注

微软也好不到哪里去！Xbox 360 的无线麦克风有时让我纠结不已。（要不然，这玩意儿就太棒了！）它只有一个电源开关和一些指示灯。

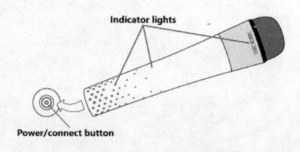

应该承认，这款麦克风的大部分功能都挺好用的，拿起来就可以唱（尽管我五音不全）。但是也得承认，每次让它与 Xbox 同步的时候，我都有点不知所措，它让我很费解……微软发布了一篇在线说明文档："How to set up and use your Xbox 360 Wireless Microphone"（如何设置并使用 Xbox 360 无线耳机）。你去看看，这能怪我吗？

当你打开麦克风时，内置的指示灯会闪烁，以表示麦克风当前的状态，如下：

● 电源接通：绿灯闪烁，频率为每秒一次；

● 连接中：绿灯闪烁，频率为每秒 4 次；

● 连接完成：蓝灯闪烁，然后停止。

当电池电量不足时，内置的指示灯会闪烁，以表示电池充电的状态，如下：

● 电量低：琥珀色的灯闪烁，频率为每 3 秒一次；

- 电量临界点：琥珀色的灯闪烁，频率为每秒一次。

当你的麦克风超出了 Xbox 能够接收到无线信号的范围，绿灯会每秒闪一次。如果有些游戏支持的话，这些指示灯还能一起变换颜色。

如果我们都能赞成"没有任何按键是一个糟糕的设计"，我觉得"单键设计是有问题的"也便顺理成章了。我在使用 iPhone 的单键时碰到了麻烦，就像使用苹果的单键鼠标一样——可能在一开始觉得还行，但久而久之，就会造成功能的"过载"，甚至达到荒诞可笑的地步。让我们来看一看 Andrew Durdin 为 iPhone 的"Home"键画的功能示意图——**单单一个按键要控制多少东西啊！**

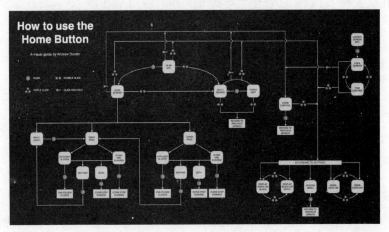

iPhone 只有一个"Home"键。哇，太方便了！你可以这么用它：

- 单击；

- 双击；

- 连按三次；

- 单击并按住；

- 单击，等一下，再单击。

当然，所有这些操作在不同的场景下都有不同的功能。值得一提的是，我特别喜欢通过双击调出活跃应用的列表，但我常常误操作，结果却进入了主页面。我在 iPhone 上装了非常非常多的应用，以致于不得不通过搜索来导航。也就是说，我很依赖搜索，但为了调出搜索页面，我必须先单击进入默认的主页面，等一下，再单击[1]。有时候我按的时间太长了，被系统识别为"单击并按住"操作，结果调出了语音搜索服务……我对它可一点都不感冒！

我现在都害怕使用 iPhone 的"Home"键了，因为它"让我思考"。我很多时候都在误操作。事情本不应该是这样的！

读到这，你可能想我会"弃暗投明"，转投 Windows Phone 或 Android 的阵营，并且直指它们的高明之处。我不敢肯定它们是否真的高明。事实上，它们都有自家难念的经。

如果设备只有一个按键，这个按键应该发挥什么作用最起码还是清楚的，是吧？也许吧！但也未必……（请回过去再看一眼 iPhone 的"Home"键的功能示意图。）

但有一点我是认可的：**像网络浏览器一样，Android 和 Windows Phone 上都明显地标出了"后退"键**。很多时候我都拿 iPhone 来上网。互联网之所以强大，主要还是因为它的简单易用：内容陈列得清清楚楚供用户点击，还有一个大大的像汽车喇叭一样的"回退"按钮，很明显地摆在那里，让你深入通幽曲径也永不迷失；一切都是那么有条理。没错，浏览器也有一个"Home"按钮，但最新版的 Chrome、Firefox 和 IE 无一例外地把它边缘化了，转而极大地突出了"后退"按钮。尽管我尚且认为，不是所有的手机应用都应该迎合互联网的行为方式，但互联网正越来越变成为一个善意的应用平台。"后退"按钮是一种用户界面范式，它对 Web 应用发挥着"清道夫"的作用。我强烈支持把它做成设备的一个硬键。

---

[1]　本文写成于 2012 年 2 月。时至今日，苹果公司已经在 iOS 7 里改进了调出搜索框的操作方式。——译者注

　　然而，一旦设备上有 3 个按键时，人们就又开始踌躇了。我按的键对吗？出现这种情况就不妙了。我甚至都不知道 Android 手机上那第 3 个按键是干嘛用的！我猜，我可能会喜欢用 Windows Phone 上的搜索键，但在增加一个新的按键之前，我更希望看到设备正面的两个按键能够得到协调、一致的使用。举例来说，如今的双键鼠标差不多已经成为行业标准了，我想它背后肯定是有原因的。（没错，有些鼠标还有一个"讨厌"的中键，但那不是必需的，有了它只是锦上添花而已。）

　　接下来，怎么解决单指操作的问题呢？其实，即使在触控设备上，**一个手指似乎也是不够用的**。久而久之，用户体验方面必然会出现古怪的"过载"。

　　iPad 支持若干个系统范围内的全局手势，比如用 4 个手指向左或向右滑动可以在不同的应用之间切换[①]。四指滑动？想象一下有一个虚拟的水平滑动控制器，有点费解哦。快速地一起滑动 4 个手指，你可以切换到别的应用 —— 应用程序的设计师必须规避这些操作，以确保自己应用的合法输入方法不会跟系统级的手势"打架"。

　　还有更糟糕的：手指从屏幕顶部向下滑动，这个操作可以打开"通知中心" —— 一个含有日程、天气等信息的窗口。单指的垂直运动很常用，很多应用都期望获取这样的输入。《Flight Control》和《Fruit Ninja》（水果忍者）就是两个典型的例子。在玩游戏的时候一不小心打开"通知中心"，这种事时有发生。竖向的滑动在任何画图程序里也是很常见的。应用设计师需要倍加小心以允许这些控制吗？很显然，必须的。

　　现如今，"过载"在触控的场景里已经无处不在了。除非你只是拿一个平板作最简单的用途，否则你将免不了要"双击"，"单击并按住"，"双指滑动"，等等。

　　苹果在追求简单和简洁设计方面做得极其出色，但我也常常想，他们做过头了，特别是在一开始的时候。比如，第一台 Mac 机居然没有光标键。所有的

---

① 使用这个功能之前，需要将"设置 | 通用 | 多任务手势"选项打开。——译者注

问题都是设计问题——这听起来有点主观，但就像"金发姑娘"[①]一样，我将坚持：**奥秘之处在于让"汤"不要太凉（没有任何按键），也不要太烫（3 个或更多的按键），而要刚刚好**。如果我在按下"Home"键的时候对其后果无须思考太多，我肯定会更喜欢用 iPhone 的。（要知道，那个键每天都会被按上百次哦……）

可用性并非阳春白雪

写代码？这个环节的工作其实不难。开发出人们真正想用的应用软件，然后把它们发布到用户手上，这才是难事！

长久以来，我一直着迷于 Steve Krug 的那本《Don't Make Me Think》。不仅因为那本书短小精悍，读来朗朗上口——这当然也是事实——而且也因为那本书在讲解可用性的基本原理和重要性方面是最精辟的，同时也最具有可行性（没有之一）。在我看来，如果你想让我们的软件行业变得更为健康，你应该做的第一件事就是要把《Don't Make Me Think》这本书介绍给尽可能多的同事。**如果你的项目里没有人关心可用性，那么你的项目注定会失败。**

除了让人们克服障碍，开始翻一翻 Steve Krug 的书，并且勉强承认可用性还是挺重要的，接下来的难题是，要想办法把可用性测试集成到你的项目里。简单说一句"可用性很重要！"是不够的，你必须把它落到实处。我曾经在"低保真的可用性测试[②]"这篇文章里谈到过几种难度较小的方法。我概括得很粗略，现在好了，有本书完整地讲述了这个主题——《妙手回春：网站可用性测试及优化指南》。

---

① "金发姑娘"出自英国作家罗伯特·骚塞（Robert Southey）的童话故事《三只小熊》，说有一个金发女郎跑进森林里，找到一间有吃有喝的房屋便住了下来，过着美好的生活……直到有一天，3 只熊回来了，原来这间房子归 3 只熊所有，金发女郎的幸福生活就一去不复返了。——译者注
② 参见作者的另一本书《高效能程序员的修炼》第 9 章，人民邮电出版社（2013 年）。——译者注

不必担心，跟 Krug 的建议一样，他的书也极具可用性。这又是一本短小精悍的图书。拿他本人的话来说：

- **可用性测试是人们为改进网站（或者任何他们正在创建的、需要与人交互的东西）所能采取的最有效的措施之一；**

- 既然大部分组织均有财力请专人来从事常规性的测试工作，每个人都应该自己学着做可用性测试；

- 我可以尽自己的绵薄之力，也许能写出一本好书，来解释可用性测试应该怎么做。

如果你想知道软件项目可用性的奥秘，却还在纠结于"如何把水烧开？"这样的初级问题，请你暂时放下手中的这本书，先去买一本《妙手回春》。现在就去买！

可用性测试还有一个必杀技，名为"眼动追踪"——在人们使用软件或网页的时候，观察他们的眼睛注视的地方。没错，现在有一些 JavaScript 工具可以巧妙地跟踪用户把鼠标移到了什么地方，但这么做有失偏颇。视线扫过的地方，鼠标指针未必移过去；反之亦然。但是，谁有时间和必要的装备去做真正的眼动追踪研究呢？

几乎没有人。

于是，《用眼动追踪提升网站可用性》这本书便应运而生了。

《用眼动追踪提升网站可用性》满载了几十个网站的眼动追踪数据，包含了很多细节。即使你（可能）承受不起眼动追踪研究的成本，仍然可以拿这本书来满足参考之需。这本书涵盖的用户界面和数据的多样性，足以让你在你的项目中找到对应的影子，然后可以借鉴书中给出的结果、观察报告和解释。

这本书是眼动追踪方面的专著，但它只是可用性图书整个系列中最新的一本。我在"Usability Is Timeless"（可用性是永恒的）这篇博文中列出了这个系列的其他图书——所有这些书我都强烈推荐！这些书都是由最杰出的 Web 可用性专家撰写的，对于任何从事软件开发和关注可用性的人来说，这些书都是至宝，值得花时间好好读一读。

可用性并非阳春白雪，但它确实需要一定的财力支持，做起来也并不是很容易。它就像一场永无休止的战争，有无数的战场，一直可以追溯到计算机诞生之初。相比之下，那些书却是便宜的，读起来也很轻松，它们可以给你一些基本的培训，帮助你打赢这场（可用性）战争。我能做的也就这些了，这也是我对同事们提出的所有要求。

费茨定律的另一面

如果你曾经为用户界面的问题与人争论过，很可能你已经听说过"费茨定律[①]"。它的原理很简单：**一个东西越大，离光标越近，它就越容易被点击上。**Kevin Hale 写了一篇很不错的文章，题为"Visualizing Fitts's Law"（图解费茨定律），建议大家去读一读，在此不再赘述。

如果你不想读那些长篇大论，那我就来概括一下：

- 把常用的 UI 元素摆在屏幕的边缘。因为光标自动停留在屏幕的边缘，这样的话，那些 UI 元素将更容易被点击。

- 让可点击的区域尽可能大。目标越大，越容易被点击。

我知道，这听起来很简单。简直太简单了！但我们还是来做一些思维练习吧，且当自娱自乐。想象一下，你要点击下面的这些东西：

- 在随机位置上的一个 1 × 1 大小的目标；

- 在随机位置上的一个 5 × 5 大小的目标；

- 在随机位置上的一个 50 × 50 大小的目标；

- 在屏幕角落里的一个 5 × 5 大小的目标；

- 在屏幕底部的一个 1 × 100 大小的目标。

费茨定律可以算是常识了。它在设计师圈子里广为流传，几乎无人不知，即使他们并不虔诚地去遵循。遗憾的是，我发现设计师们更加不重视费茨定律的另一面——但是，这一正一反两方面都是同等重要的。

如果想要用户点击某些 UI 元素，为了获得最大的点击率，我们应该把它们做

[①] 参见作者的另一本书《高效能程序员的修炼》的第 7.8 节"费茨定律与无限宽度"，人民邮电出版社（2013 年）。——译者注

得大一点，并且尽可能把它们放在屏幕的角落或边缘。接下来的问题是，**如果不想让用户点击某些 UI 元素，我们应该做些什么呢？** 就比如像"把我所做的东西全部删除"这种按钮……

在《About Face 3：交互设计精髓》一书中，Alan Cooper 称之为"弹射座椅控制杆"。

在任何喷气式战斗机的驾驶舱里，都有一个颜色鲜艳的控制杆——一旦拨动，飞行员座位底下的一个小型火箭引擎就会启动，然后飞行员会被抛出飞机（连带着座椅），依靠降落伞安全着陆。弹射座椅控制杆只能被使用一次，拨动它产生的后果是严重的，而且不可挽回。

应用程序也需要"弹射座椅控制杆"，因为有时候用户需要将界面上的一些残留物清除掉，或者大幅改变应用程序的功能或行为（有时是不可逆的）。有一点必须避免：拨动"控制杆"不能是一次误操作。

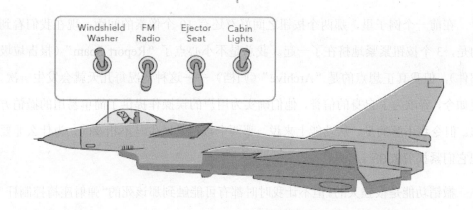

界面设计必须确保：当用户只是想做一些细微的调整时，他不会一不小心触发了"弹射座椅"。

在我经常使用的应用程序里，半打都是有问题的：**他们把"弹射座椅"按钮紧挨着"机舱照明灯"按钮一起摆放，真是令人费解啊！**举个例子，来看一下我们的老朋友 Gmail。

我能猜到你在想什么——他最后点了"Send"（发送）还是"Save Now"（暂时保存）呢？好吧，老实告诉你，冲动是魔鬼，在极端情绪下写出偏激的邮件，我基本上已经失去了自控力。还好，我们能够轻松收回已经发送的邮件。哦，等等，我们完全做不到！想一想我的座椅，或者那封带刺的邮件，已经发出去啦……

在我进行邮件归档的时候，情况更糟。

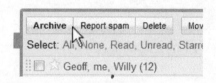

在前一个例子里，那两个按钮之间好歹还有 10 个像素的间距；现在我们看到的是，3 个按钮紧紧地挤在了一起。我总是不小心点了"Report Spam"（报告垃圾邮件），但我真正想点的是"Archive"（归档）——这种情况每几天就会发生一次。现如今，谷歌为了自身的信誉，他们确实为用户的误操作提供了简单易用的撤销方法。但令我不解的是，从功能上来说，那两个按钮是风牛马不相及的，为什么非要把它们紧挨着放在一起呢？

撤销功能是很强大的。但不让我时时都有可能触到那该死的"弹射座椅控制杆"岂不是更好？把危险的"弹射座椅控制杆"放到另外一个地方，并把它做得小一点，岂不是更合理一些？让我们来看一看 WordPress 的文章编辑器。

大家可以看到，最常用的"Update"（更新）操作是一个很大、很明显的按钮——很容易就能看到，也很容易点击。而不那么常用的"Move to Trash"（放到垃圾箱）操作是一个超链接，看起来要小一点，并且离"Update"按钮相当远。

下一次在你构建用户界面的时候，绝对应该遵循费茨定律。它是有道理的。不过，也不要忽略了费茨定律的另一面，那就是：**要让不常用或危险的 UI 元素难以被点击！**

可用性与易学性

1996 年，Jakob Nielsen 提倡：网络上的写作应该采用"倒金字塔"的风格。

新闻记者长期以来一直坚持采用相反的方法：在文章的开头先把结论告诉读者（比如，"经过一段长时间的争论之后，公民大会投票决定把州税提高 10 个百分点"），接着再写最重要的辅助信息，最后才介绍相关的背景。这种风格被称为"倒金字塔"，原因很简单，因为它把传统的金字塔风格颠倒了一下。倒金字塔式的书写很适用于报纸，因为读者可能随时中断阅读，但他们仍然能获得所读文章最重要的那部分信息。

在网上，倒金字塔风格甚至更加重要，因为我们从多份用户研究报告里得知：用户不会滚动网页，他们很多时候只会阅读一篇文章上面的那部分。兴趣浓厚的读者会滚动页面，这些为数不多的人才能够触及金字塔的根基，从而完整地了解故事的来龙去脉。

出于某些原因，"内容绝不应该放到（浏览器）底栏以下，因为用户不会滚动网页"这个观点广为流传，并且成为一种信仰而深入人心。我不知道 Nielsen 先生所指的用户研究报告在哪里，即使在 1998 年出版的《Web Site Usability: A Designer's Guide》（网站可用性设计指南）这本参考书中也找不到相应的证据。

在我们测试过的所有网站中，Fidelity 表现得最为与众不同：它竭力将很多页面都完全显示在底栏之上。相应的结果是，这个网站有许许多多的网页，而每个页面的内容都很少。没有任何证据表明这种做法是对还是错。

实际上，我们从未见过有用户因为要滚动页面而感到挫折。举个例子，当我们计算用户的"首次点击"时——人们访问一个新网站时最先点击的地方——点击落在底栏以上和底栏以下的概率是相当的。如果滚动网页会带给用户挫折感，我们应该能看到这对底栏以下的点击次数产生某种负面的影响，但事实并非如此。

2003 年，Jakob Nielsen 对自己的观点做了一些说明。他是这么说的：

在 1996 年，我说过"用户不会滚动页面"。这句话在当时是对的。很多用户（如果说还没到大部分的话）只阅读页面的可见部分，极少会滚到底栏以下去。随着网络的进化，这种情况已经得到了改变。用户获得了更多关于滚动页面的经验，他们中的很多人开始滚动起来了。

毋庸置疑的是，你应该尽量把最重要的信息放在顶部，不管你是做一个网页，写一段程序，写一封电子邮件，还是做一份简历，等等。要知道，我可是历经痛苦之后才明白了这一点。不用说第一段，只要他们读了——不管多少——你就已经够幸运了！①

但是，宣称"用户不会滚动网页"还是极其荒谬的，即使在 1996 年也是如此。假设我们现在有一个用户，他原本不知道怎么滚动网页。不管他有多么胆小，他需要花多少时间才会意识到在浏览时需要滚动页面呢？**如果一个用户在几小时之内学不会滚动网页，那他肯定也不会在互联网上留恋太长的时间。**

Joel Spolsky 著有一本佳作：《User Interface Design for Programmers》（致程序员：用户界面设计）。他在书里指出了**可用性与易学性之间的差别**。

学会开车需要花费几周的时间。在一开始的几个小时里，一般十几岁的年轻人会把控不住车子。他们把车开得扭扭歪歪、摇摇摆摆、疯狂打转。如果教练车是手

---

① 参见作者的另一本书《高效能程序员的修炼》的第 7.6 节"对待弱视的用户"，人民邮电出版社（2013 年）。——译者注

动档的，他们定然会在繁忙的十字路口熄火，着实让人胆战心惊。

如果对汽车做一次可用性测试，你必将得出这样的结论：这玩意儿太难用了！

这就是关键的差别。当你请人来做一次典型的可用性测试时，你其实是在测试界面的易学性，而不是它的可用性。易学性是很重要的，但它不是全部。对于有经验的用户来说，易学的用户界面可能非常惹人厌。如果你设计了 15 步的向导来完成一次打印，人们在第一次使用时会很愉快，第二次就不那么愉快了，而到第五次的时候，他们就会对如此繁杂冗长的步骤牢骚满腹了。

有时候，你需要专注在易学性上面。举例来说，你的目标用户只是一些临时的使用者，就拿旅游景点的自助查询机来说吧，几乎所有使用你的界面的人都只会使用一次，因此易学性要比可用性重要得多。但是，如果你是在为专业作家开发一款字处理软件，好吧，此时可用性将更重要。

这就不难理解：当踩下汽车的刹车时，你不会看到一个"可爱"的对话框弹出来问，"现在停车吗？（是/不）"。

我曾在 JoelOnSoftware.com 网站上读过"User Interface Design for Programmers"这篇文章，后来 Joel 把这个主题扩展成书，读过之后我感慨良多。我曾想，他的这本书也就是把已经发表在网上的内容适当提炼一下；其实不然，这本书总共的18 章里有 7 章内容是全新写作的。不信的话，可以通过谷歌快速搜一下，你会发现它们真的是新写的。另外，全彩印刷的效果真是太棒了！

UI 方面的书我读过很多；Joel 的这本绝对可以排进前三甲。我建议广大程序员都去读一读！

谷歌的头号 UI 问题

谷歌在用户界面上追求的"极简主义"让人叹为观止。但是，他们首页上有个问题一直让我困惑不解。要知道，这个页面可是每天都被下载几百万次哦。

　　真有人在使用 "I'm Feeling Lucky"（手气不错）这个功能吗？ 自 2000 年以来，我一直是谷歌的热心用户。我每天都至少使用几十次，有时甚至几百次。但我点过几次 "I'm Feeling Lucky" 按钮呢？我相信用一只手就能数得过来。

　　我能理解，这是谷歌在早期阶段耍的一个小聪明——嘿，瞧瞧，我们才是真正管用的搜索引擎！——但真的有必要将这个小聪明继续 10 年之久，让它每天都显示在几百万网民的显示器上吗？我们已经知道了——谷歌是非常高效而实用的！这也是我如此频繁使用它的原因。很多人在上网冲浪的时候，首先打开的就是谷歌，它的首页俨然就是通向互联网世界的大门；"去谷歌一下" 这个动词都快被注册成通用商标了。谷歌已经完完全全、彻彻底底地取得了决定性的胜利，以致于我对他们现在所拥有的对互联网的影响力感到有点害怕。说实话，这种害怕不是一点点……

　　我们现在可以去掉那个多余的按钮吗？

　　你可能会说，不就是多了一个按钮嘛，这有啥关系啊！要我说，**与 "Search"按钮平起平坐，但其使用率却不及 1%，这种功能只会让用户分心，不要也罢！** 而且，"I'm Feeling Lucky" 按钮只出现在谷歌首页上——任何浏览器的搜索工具条都没有这个按钮，谷歌的中间搜索结果页面也不提供这个按钮。为什么不标准化一下，在所有页面上都坚持使用单一 "Search" 按钮的简洁风格，让所有人都能理解，也符合大家的预期呢？谷歌首页可以说是无处不在，为什么要让一个极少被使用的按钮来捣乱呢？一粒老鼠屎会坏了整锅粥啊！意识到可以忽略页面上的这个多余的按钮的思考时间是微乎其微的，但如果把它乘以几百万（因为有几百万用户受到了影响），总的时间一下子就变得相当可观了！**别让我们思考**[①]！

---

① 这句话套用了书名《Don't make me think》（作者：Steve Krug），只不过作者将 "me" 换成了 "us"。"别让我思考" 是所谓的可用性第一定律。——译者注

如果你是一位高级计算机用户，你甚至可能都不想要"Search"按钮，因为使用键盘上的回车键要顺手得多！但不是所有人都知道这种用法，这在我们"逻辑人"看来是不可思议的。我们认为，在键盘上输入完搜索条件之后，要将手从键盘上移开，放到鼠标上，然后小心地移动鼠标将其指向一个按钮并用左键点击，这么做真是繁琐至极！那只手本可以不离开键盘的，只需懒懒地敲一下回车键便搞定了……

然而，典型用户并不太理解那些基本的快捷键。他们喜欢用鼠标，喜欢胖乎乎而醒目的"Search"按钮。这也是为什么当前版本的 Firefox 和 IE 都在紧靠着地址栏的地方放了一个"go"按钮。这样的话，当用户输入完 URL 之后，他们能很明显地看到一个东西去点一下。要不然，我猜他们会不知所措，以为他们的计算机死机了呢！

我个人总是使用回车键来执行搜索，依我之见，谷歌应该允许 Shift 键加回车键来触发"I'm Feeling Lucky"功能。即便如此，我估计每周最多也就使用一次——这已经是很乐观的估计了！

William Strunk Jr. 和 E.B.White 敦促我们"去掉多余的文字"。

刚健的文字都是简练的。一句话不应包含不必要的文字，一段话不应包含不必要的句子。基于同样的原因，一幅画不应有不必要的线条，一台机器不应有不必要的零件。这并不是要求作者把每句句子都写得很短，也不是让他避重就轻，泛泛而谈，而是说要让每个字都有价值。

我敦促大家"去掉多余的按钮"。我希望"I'm Feeling Lucky"按钮没被谷歌看作是"神圣之物"。对于谷歌来说，去掉这个按钮不费吹灰之力；但对于全世界的用户来说，这是为默认搜索界面做的一次惠及大众的巨大改进。

只是多一个

Windows Live 提供的本地地图服务看起来挺简单的，其实不然。

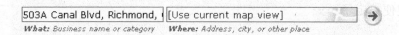

跟其他人一样，每当我接触到一个新的地图服务，我做的第一件事总是拿当前的地址去试一试。我在上面输入的是自己工作的地方。但是，当敲下回车键的时候，我碰到了这个错误："找不到这个地址。请重新搜索，或者如果你输入的是一个地址，请在 Where 文本框里输入。点击 Help 以了解更多详情。"

这显然是一个很小的例子。但在我认识的人当中，所有人在第一次使用 Windows Live 的这个服务时都犯了同样的错误。没错，那两个文本框是有标签的。算是吧。但用户不会去读你放在屏幕上的文字①，即使像我们这样的专业级计算机用户也不会去读。**问题很简单，在那个表单上就是多了一个文本框。**（多一个也是太多了！）

"任何同样的东西只要出现两个就是太多了"——这种主张看起来可能并不合理，但我们看看下面的这些秒表。

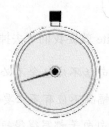

这个秒表只有一个按钮。因此，计时的开始、停止、复位用的肯定都是这个按钮。这个按钮有点超负荷了，但就像苹果公司的鼠标一样，至少从理论上来说，没有人为此而感到困惑。

---

① 参见作者的另一本书《高效能程序员的修炼》的第 7.6 节 "对待弱视的用户"，人民邮电出版社（2013 年）。——译者注

让我们增加一个按钮。也许一个按钮控制计时的开始和停止，另一个按钮是复位？或者一个按钮控制开始，另一个控制停止？到底怎样呢？必须试过几次之后才能知道。

让我们再增加一个按钮。还加了一个长秒针。现在，我感觉无从下手了！使用的复杂性呈指数级上升了。

最后这个秒表为 3 个按钮配了不同的颜色，并且去掉了长秒针。用颜色来区分肯定是有帮助的：红色代表停止，绿色代表开始。我猜黑色应该是复位吧。

我们从最后一个秒表的设计可以认识到，增加界面元素但同时不引入困惑是可能的。不过，你必须非常小心。**如果你想再加一个什么 UI 元素，请确信，你所加**

的那个 UI 元素不是压倒骆驼的最后一根稻草。

敢于说不

Derek Sivers 提起过史蒂夫•乔布斯的一件趣事。

2003 年 6 月，史蒂夫•乔布斯为一些独立唱片公司的人举行了一个小型的内部展演，主题是 iTunes 音乐商店。在那天，有一幕给人印象非常深刻：与会者不停地举手问，"它能做（X）吗？"，"你计划增加（Y）吗？"，乔布斯连忙说，"等等，等等……把你们的手放下。听着：我知道你们有 1 000 个想法，来给 iTunes 加上很多很酷的功能。我们也希望这样。但是，我们不需要 1 000 个功能。那会让 iTunes 丑陋不堪！**创新并不是要接受所有的东西，而应该对除了关键性功能之外的所有东西统统说不。**"

在我做过的项目中，很多都因为大家太好说话而自毁前程；足足有几十个之多——把功能一味地堆砌在一起，想要成为"全能"产品，以满足"所有"用户——这极少会有好结果！

我觉得，很多软件开发者在经过几年的跌打滚爬之后都会开始深信**"勇敢说不"**的哲学。其实，两个极端都是危险的，但做"好好先生"有更大的可能让整个项目沦落到失败的境地。如果你打算坚持走极端，那也选择"简易"那一端吧。像激光一样专注地做几件事情，并把它们做到极致！

"勇敢说不"很容易被人认为是一种消极心态，但考虑到"乐观是程序员的职业病[①]"，我觉得那是一种健康而自然的反应。与一味点头想要取悦所有人比起来，说"不"需要更大的勇气。

---

① 这句话出自肯特•贝克（Kent Beck）之口，英文原句是"Optimism is an occupational hazard of programming. Feedback is the treatment."肯特•贝克是软件工程领域泰斗、测试驱动开发理念提出者、极限编程之父，在设计模式、测试驱动开发和极限编程领域有很深的造诣，被誉为"计算机软件行业最具创造性才能的领导者之一"和"Java 领域最具影响力的 10 位技术领袖之一"。他还撰写了《解析极限编程：拥抱变化》、《实现模式》、《测试驱动开发：实战与模式解析》等多本经久不衰的经典著作。——译者注

这里还有另外一层隐含的意思，那就是：**也不能对所有的东西简单地说"不"——**你需要小心地衡量正在做的事情。想看一个很有趣的案例分析吗？到网上去搜一下"Illustrated Chronicles of the Portal Plague"这篇文章。

用户界面很难做

EA 公司[①]的《战地风云 2》在正式发布之前的用户界面很糟糕，有一些用户颇有微词。

用户甲：他们不能再让那些狂暴的小男人和不懂情调的女人们去设计用户界面啦！

用户乙：难道指的是大部分程序员？

用户丙：不是，是所有程序员。

挺有趣的，因为这也是事实。注意，我无意评论"女程序员不懂情调"；我的意思是，对"大部分程序员不擅于设计用户界面"的指责不无道理。部分的原因是，用户面确实很难做。Eric M.Burke 在 2004 年的一篇题为"GUI Programming is Hard"的文章里提到下面的话。

GUI 生成器使得 GUI 编程看起来很容易。通过使用 GUI 生成器，几乎任何人都可以在顷刻之间弄出一个好看的 GUI 来。轻轻松松就能搞定！

然而，搞出一个临时凑合的 EJB（Enterprise Java Bean，JAVA 中的商业应用组件技术）系统要难得多！给人的印象是，服务器端的编程比较难做。差劲的程序员会继续与 EJB 纠结，而优秀的程序员会想方设法让 EJB 的各部分尽可能都自动化。这是服务器端编程的"秘密"：定义非常明确，可重复生产。因此，自动化是可行的。

---

① EA 公司（即 Electronic Arts）是全世界首屈一指的互动性娱乐软件制作发行商，产品范围广泛，包括 PC 游戏、索尼 Play Station、Xbox 电视游戏软件、任天堂 GameCube、Game Boy Advance 游戏软件等等。EA 是美国纳斯达克上市公司，年收入超过 43 亿美元，业务分布 26 个国家，全球员工人数超过 9 000 位。——译者注

只要拿起你最喜欢的"模型驱动架构"（Model-Driven-Architecture，MDA）工具。它们在生成服务器端代码（比如 EJB、数据库访问、Web 服务等）的时候是非常出色的。它们也许还能生成基本的 GUI，但真正杰出的 GUI 是不可能实现自动化的。

不过，程序员也是有部分责任的。大部分程序员一开始考虑的总是代码，而不是用户界面。Rick Schaut 在 2004 年的一篇题为 "UI Design" 的博文里提到下面的话。

John 差不多点中了问题的关键。以前没人这么说过。当你在开发一个面向最终用户的软件时——不管你是在开发一个全新的 Web 应用程序，还是给一个现有的程序增加一个新特性，或者给其他程序做一个插件——你都必须先把用户界面设计好。

这有点困难，原因是多方面的。首要的一点是，大部分程序员（特别是那些进修过大学计算机科学课程的人）在学习编程的时候，首先学的是编写通过命令行运行起来的代码。因而，我们学会了怎样实现高效的算法，去解决一些常见的计算机科学问题；但我们从来没有学过怎样设计优秀的用户界面。

第二个问题是，我们用于创建用户界面的工具往往只能应付比较简单的使用场景；一旦碰到比较复杂的用户场景，工具很可能就捉襟见肘了。在一些适用窗体的特定问题领域里，窗体设计器表现得非常棒；一旦你离开那些领域，工作就会变得困难许多。如果使用灵活一点的工具，比如 Xcode 的 nib 工具和 Mac OS X 的 HIView 对象，你就必须写很多代码去管理这些 UI 对象。

这也就是所谓的"用户界面优先设计的软件开发模式[①]"。不过，似乎很少有人提及……

---

① 参见作者的另一本书《高效能程序员的修炼》的第 7.4 节"用户界面须优先设计"，人民邮电出版社（2013 年）。——译者注

第 4 章

关于测试的一些思考

单元测试是必要的

很多年以来，用于随机测试（ad-hoc test）的工具我都是自己开发的。但在最近的一个项目中，我终于采用了 NUnit 和 TestRunner 来做正式的单元测试。下面是我编写的第一个单元测试，看起来很简单，而且轻轻松松就通过了。

```
<TestFixture()> _

Public Class UnitTests

Private _TargetString As String

Private _TargetData As Encryption.Data

<TestFixtureSetUp()> _

Public Sub Setup()

_TargetString = "an enigma wrapped in a mystery slathered in secret sauce"

_TargetData = New Encryption.Data(_TargetString)

End Sub

<Test(), Category("Symmetric")> _

Public Sub MyTest()
```

```
Dim s As New Encryption.Symmetric(Encryption.Symmetric.Providers.DES)

Dim encryptedData As Encryption.Data

Dim decryptedData As Encryption.Data


encryptedData = s.Encrypt(_TargetData)

decryptedData = s.Decrypt(encryptedData)


Assert.AreEqual(_TargetString, decryptedData.ToString)

End Sub

End Class
```

这个测试系统真是太棒了，因为我一眼就能看出这块代码在测什么，以及它是如何工作的。这不禁让人感叹：简单就是美！于是，实现单元测试的框架已经不成问题。问题在于，要决定测什么，以及如何去测。或者再把问题理论化一点：**怎样才算是好的测试？**

单元测试的价值是毋庸置疑的！跟大多数开发人员所做的测试比起来，即使是最最基本的单元测试（就像上面给出的例子那样），也是巨大的进步。也就是说，**大部分开发人员根本就不做测试！** 他们只是随意输入一些数据，然后点几个按钮。如果在这个过程中没有发现尚未处理的异常，他们就觉得代码已经够好了，可以交付给测试团队了……

单元测试的真正价值在于，它迫使你停下来，为测试思量一番。 跟漫无计划的随机测试比起来，单元测试让你为刚刚写下的代码思考一连串艰难但又不得不考虑的问题：

- 我该怎样测试这块代码？

- 我该执行何种测试？

- 通常的情况是怎样的？

- 可能碰到的异常情况有哪些？

- 我有多少外部依赖关系？

- 我可能会碰到哪些系统故障？

单元测试并不会保证软件最终能正确工作。我觉得抱有那种期望也是不合理的。但编写单元测试确实保证了开发人员想过了那些相当棘手的测试问题，哪怕他们只是粗略地想了一下。不用怀疑，只要做了单元测试，我们就已经在正确的方向上前进了一步。

关于单元测试，我也确实有一些其他的纠结。比如，如何在单元测试与大规模的代码重构之间找到平衡——在我做过的所有项目中，在开发的早期阶段大都要进行重构。其实，Unicode Andy 也有同样的纠结。

在单元测试方面，我当前遇到的主要问题是，当我修改设计的时候，就会有一大堆测试通不过。这意味着，我要么少写一点测试，要么尽量少做大的设计修改。但两者都是不理想的。

为了避免这个问题，我只能退而求其次——测试晚一点再介入——但这又跟新潮的"测试驱动开发"模式背道而驰。编写单元测试是必要的，积极地重构代码也是必要的。你是如何来平衡的呢？先写测试的方式可以减少代码重构的负担吗？或者在设计稳定之后再增加单元测试？

有时候是硬件问题

在我们性能最好的服务器中，有一台是从之前的 64 位测试项目中遗留下来的。那台机器配有皓龙 250 双核处理器，内存有 8 GB。服役了一年之后，那种配置仍然是相当不错的。它还有贴心的升级方案可选：它的泰安 Thunder K8W 主板最多能支持 16 GB 内存，也能支持最新的皓龙双核处理器。

然后，我们把这台机器配成了虚拟机，让它跑 Windows Server 2003 x64。可是，我们碰到了一些诡异的情况：

- 虚拟服务器总是报告一种古怪的出错消息："这台机器的一些节点没有本地内存。这可能导致虚拟机性能下降。"

- 这台机器时不时会自动重启。

这台服务器我们已经使用了一年多，之前从来没有碰到过这些问题。上述诡异现象是在我们改变它的用途后才开始出现的。

为了解决问题，我们采取的第一招是：将机器的 BIOS 升级到最新版本，并且确保我们为所有的 64 位芯片和平台安装了最新的驱动程序。在排除故障的过程中，这一步的成效首屈一指——这相当于给硬件吃了两片阿司匹林（解热镇痛药），并且设置了晨间的叫醒服务。果不其然，"这台机器的一些节点没有本地内存"的错误消失了。然而，纵然我们安装了最新的 BIOS 和驱动程序，这台机器还是时不时地在半夜重启。

到这时候，我开始怀疑是硬件问题了。排除硬件的稳定性故障可能比较困难。不过，**如果用对了工具（比如 Memtest86+和 Prime95），你也许能事半功倍。**

1. 用 Memtest86+测试内存的稳定性

之所以用 Memtest86+，是因为我们已经怀疑是内存问题了。Memtest86+不是诊断内存问题的唯一工具，但它可能是最出名的。微软也提供了类似的工具，用起来大同小异。Memtest86+在它的官方网站（http://www.memtest.org/#downiso）上有多种形式供用户下载。我们选择了 ISO 镜像，然后把它刻到一张 CD 上。用这张 CD 启动机器，测试随后就自动开始了。

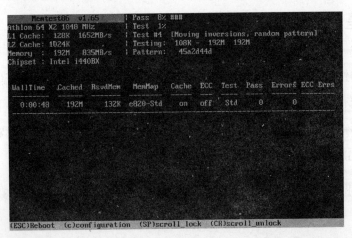

检测完 4 GB 的内存花了大概 30～45 分钟。在顶部右侧的进度条可以指示整个测试将运行多长时间。在一轮标准的测试过程中，总共会进行 8 次测试。注意了，在首次测试通过之后就会有报告输出！

2. 用 Prime95 测试 CPU 的稳定性

在计算机稳定性测试的众多工具中，我对 Prime95 情有独钟。让 Prime95 在你的计算机上跑一晚上，如果通不过，那么你的机器肯定有硬件问题。（出问题的往往不是 CPU 本身，通常是与之相关的散热或电力供应设备。）尽管 Prime95 主要测的是 CPU，但它在内存测试方面也相当不错。你可以打开 Options（选项）菜单，然后选择 Torture Test（耐力测试）。

- 如果你只想测试 CPU 的稳定性，那就选择"Small FFTs"。

- 如果你想同时测 CPU 和内存的稳定性，那就选择"Blend"。

如果你的机器是双 CPU 的（或者有 4 个 CPU），为了测到每个 CPU，你必须运行 Prime95 的多个实例。最简单的方法就是把包含 Prime95 的文件夹复制多份，然后在各个独立的文件夹中运行 Prime95 的 EXE 文件。你可能想通过任务管理设置每个 Prime95 实例与所测 CPU 的关系，不过你大可以放心，调度程序会自动把所有 CPU 安排得妥妥当当。

一点小小的警告：当 Prime95 提示说"lots of RAM tested"（测试大量内存），他们可没开玩笑哦！我们的服务器只装了 4 GB 的内存，我们尝试了运行两个 Prime95 的实例，并且让它们工作在"Blend"（混合）模式下，结果我们差一点把虚拟内存文件撑爆了——两个实例都分配了 6 GB 的内存！

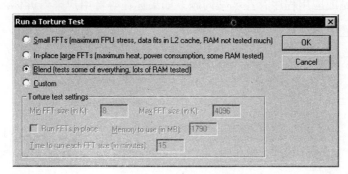

根据我的经验，如果你的 CPU 或内存不稳定，Prime95 几乎会立即报错而停止工作。这对于故障排除来说是绝佳的，因为你很快就知道了问题之所在。如果你让 Prime95 在 "Small FFTs" 模式下运行一个小时（而不出问题），很可能你的 CPU 就是没有问题。如果你让它跑一晚上都没事，那么 CPU 问题绝对可以排除在外。

回来再说说我们那台 "任性的" 服务器吧。Memtest86+ 诊断出来是 "偶发的、间歇性内存问题"。但我们让 Prime95 在 "Blend" 模式下运行时，它总是立刻报错。而如果让 Prime95 切换到 "Small FFTs" 模式，即使我们启动两个实例，并让它们运行一个小时，结果还是安然无恙。很明显就是内存问题了！通过组合使用 Memtest86+ 和 Prime95，最终发现，我们的服务器在安装 4 GB 内存时非常稳定，而当我们把内存增加到 8 GB 时，机器就通不过测试了。

考虑到 8 GB 大的内存对于虚拟服务器来说是至关重要的，我们不能通过减少内存来解决问题。直觉告诉我，应该在 BIOS 里把内存速度从 200 MHz 降到 166 MHz。果然，Prime95 和 Memtest86+ 的测试都顺利通过了。

尽管软件是不可靠的（这已经臭名昭著了），但我们不能总是把矛头指向软件。有时候，你面对的确确实实是一个硬件问题。

异常驱动的开发

你的网站或应用程序存在哪些问题？如果你在等着用户来告诉你，那么你只能看到所有问题中已经暴露的那极小的一部分。要知道，那只是 "冰山一角"！

而且，如果你真的是在守株待兔，我不得不很抱歉地告诉你，你有点失职——**你应该比用户更了解你的程序的健康状况。** 每当有用户告诉我一个他们在使用我的软件的过程中碰到的"善意的错误"时，我总会感到局促不安。甚至有些惭愧。我没有在用户把问题告诉我之前发现它们，并且事先解决它们，这就是我的失职。我忽视了对程序崩溃应付的责任。

任何负责任的软件项目，首先要做的事是**建立一种异常和错误报告机制。** Ned Batchelder 把这比作为"先给自己戴好氧气罩，然后再帮小朋友戴"。

当你的程序出现问题时，请你总是先去检查这个错误是否被适当处理了。如果没有被适当处理，那么先去解决错误处理代码里的问题。保持这个工作顺序很重要，原因有如下几方面：

1. 在根源错误还在的情况下，你实际上为错误处理代码中的 bug 准备了一个完美的测试用例。但如果先把根源问题解决了，你又将怎样来测试你的错误处理代码呢？记住，你的代码里之所以有 bug，部分原因就是它在当初的开发阶段很难被测到。

2. 一旦根源问题被解决了，解决错误处理代码里的问题的紧迫性便随之消失。你可能会说，"我以后会去解决的，现在急啥？"就好比你家屋顶漏了 —— 下雨的时候，你没办法去修屋顶，因为外面正下着雨呢；但雨停了之后，家里又不漏水了（不急着去修屋顶了）!

你需要集中在一个地方去处理所有的错误。这个地方是你团队里的所有开发人员非常熟悉的，并且每天都会接触到。在 Stack Overflow，我们采用了 ELMAH（https://code.google.com/p/elmah）的一个自定义分支。

我们每天都在监视着这些异常日志；有时候每个小时都察看。这些异常日志实际上已经成为了我们团队的 To-Do 列表（待办事项）。我们这么做是有充分理由的。比如，微软收集类似的这种错误日志已经几年了，他们不仅收集自家软件的日志，还收集第三方软件的；他们的这个机制叫 Windows Error Reporting（简称 WER）。成效喜人啊。

当最终用户遇到程序崩溃时，他们会看到一个对话框，问他们是否想发送错误报告。如果他们选择发送，WER 会收集应用程序以及崩溃模块的相关信息，然后把这些信息通过一个安全服务器发送给微软。

于是，软件厂商可以访问到关于他们产品的数据，再加以分析，定位到问题的根源。他们可以通过错误对话框与用户交互，还可以通过 Windows Update 升级他们的程序。

在对错误报告数据的广泛分析之后，我们看到：**80%的客服问题在修复了用户报得最多的 20%的 bug 之后就能得到解决**。即使只修复用户报得最多的 1%的 bug，也能解决 50% 的客服问题。这个分析结果通常对于各家公司都是成立的。

尽管我仍然推崇"测试驱动开发"（Test-Driven Development，TDD），但时间投入的投机性一直是我纠结的一个问题。**如果你修复了一个真实用户永远也碰不到的 bug，那你的修复有什么价值呢？**我知道还有很多其他的理由促使我们去实践 TDD，但若单纯作为一种修复 bug 的机制，在我看来，选用 TDD 就大可不必了；就像我们过早地进行代码优化一样，是不可取的。我更愿意把时间花在解决真实发生的问题上，而不是那些理论上存在的 bug。

当然，你可以两者都做。但考虑到开发时间总是有限的，我更倾向于立足于实实在在的数据，把时间花在解决真实用户在使用我的软件过程中碰到的问题上。这就是我所谓的"异常驱动的开发"（Exception-Driven Development）——将你的软件发布出去，让尽可能多的用户使用它，然后一心一意地研究他们产生的错误日志。使用那些异常日志去找出问题的根源，并且专注在你的代码中有问题的区域。重新架构，重构代码，以消除最严重的 3 个问题。快速迭代，部署，如此周而复始。这种数据驱动的反馈机制是非常有效的，几个迭代下来，你的程序将非常稳定，坚如磐石。

异常日志可能是用户能够提供给你的最强有力形式的反馈。这种反馈基于已经发布的软件，为了得到它们，你不必去询问用户或者诱导他们，也不必理会他们关于问题的不可思议、似是而非的描述。真正的问题伴随着转储出来的堆栈跟踪信息，已经悄悄地为你自动收集好了。**异常日志才是用户反馈中的根本。**

@lazycoder getting real feedback from customers by shipping is more valuable than any amount of talking to or about them beforehand[①]

about 6 hours ago from twitterrific in reply to lazycoder

Carnage4Life
Dare Obasanjo

---

① 2009 年 4 月 16 日，Dare Obasanjo 与 Scott Koon@lazycoder 在 Twitter 上有过一次辩论；Dare Obasanjo 的观点是：通过将产品发布出去，然后从客户那里得到真实的反馈，这比任何事先的沟通或调研更有价值。——译者注

我是在提倡发布带有 bug 的代码吗？或者半成品？或者狗屎软件？当然不是！我的意思是说，你越快将你的软件推到真实用户的面前，就会得到越多的数据来改进你的软件。异常日志在这个过程中扮演着很重要的角色，同样地，用户使用数据也很重要。当然，如果受得了的话，你还应该跟用户交谈。

不管怎么样，软件在发布的时候总是会带有 bug 的。所有软件都是这样。只要是软件，它就会崩溃，就可能丢失数据，它还会难以学习，难以使用。问题不在于你在发布软件的时候带出去了多少 bug，而在于**你能多快地修复那些 bug？**如果你的团队一直在践行异常驱动的开发模式，答案就很简单了——别担心，我们马上就会改进我们的软件！看着吧，我们会越做越好！

听起来多美妙啊！就像一首美妙的乐曲，在每个用户的耳边萦绕……

第 5 章

了解你的用户

逻辑人的争议

据我观察，在软件开发者身上的所有"坏毛病"中，最严重的可能是：**我们自以为是典型用户**。我们对计算机如痴如醉；我们对它的工作原理了解甚多；我们甚至建议亲朋好友应该如何使用计算机。我们是专家！谁还能比我们这样的超级用户设计出更好的软件呢？然而，大部分开发者没有意识到的是，我们其实是异类。我们绝非等闲之辈——我们是边缘人。我常常告诫项目经理：如果让我来设计软件，你的项目就麻烦了。

在《交互设计之路——让高科技产品回归人性》一书中，Alan Cooper 也谈到了这种现象，并提出了"逻辑人"（Homo Logicus）的概念。

逻辑人渴望控制那些让他们感兴趣的东西，而那些让他们感兴趣的都是些复杂的确定性系统。人是复杂的，但他们不像机器，他们的行为不具有逻辑性和可预见性。最好的机器是数字的，因为这样它就能变得最为复杂、精细，并且能被程序员轻易改变。

获取控制的代价总是更多的努力和更高的复杂度。大部分人愿意适度地努力，但程序员有别于大部分人之处在于，他们更愿意而且有能力掌控极度的复杂。对于程序员来说，他们的工作满意度部分来自于了解并管理由很多相互作用的部件组成的系统。驾驶飞机是程序员的典型爱好。飞机驾驶舱的控制面板上装满了仪表、把手和控制杆，但程序员一点都不怕那些令人生畏的复杂玩意儿。逻辑人觉得它很有趣，激动得按捺不住，尽管他们需要严谨地学上几个月（他们恰恰因此乐在其中！）。而现代智人（Homo Sapiens）更愿意只是作为乘客乘坐飞机。

对于逻辑人来说，控制是他们的目标，而复杂是他们愿意为之付出的代价。对于普通人来说，简单是他们的目标，失去控制权是他们愿意付出的代价。在以软件为基础的产品中，控制演变成了功能特性。例如，Windows 95 的"查找文件"功能对搜索过程赋予了用户很多控制。用户可以指定搜索磁盘的哪个区域、想搜的目标文件类型、通过文件名来搜还是通过文件内容来搜，以及其他的几个参数。从程序员的角度来看，这个特性非常酷。经过一些前期的尝试和理解，他们可以使搜索过程更快、更有效。与之相反的是，普通用户并不觉得这有多好，因为他们必须指定搜索区域、目标文件类型以及是否按文件名搜还是按内容搜。如果不必了解搜索的工作原理，现代智人更愿意牺牲一点让计算机额外工作的时间。对他们来说，每个搜索参数的输入都可能让他们犯错，尽管灵活性增加了，但搜索失败的可能性也会更高。他们宁可牺牲所有不必要的复杂、控制和认知，以让他们想做的事情更容易做好。

逻辑人被一种对工作原理难以抵抗的认知欲望驱使着。相比之下，现代智人强烈渴望的是成功。尽管程序员也想成功，但他们愿意接受经常的失败来作为认知的代价。为了更好地理解这一点，我们来看一个关于工程师的经典笑话：

有三个人将被依次执行死刑，他们中的一个是牧师，一个是律师，还有一个是工程师。牧师第一个被推向绞刑架。侩子手拉动控制杆以抽出活板，但它失灵了。牧师宣称这是上帝的旨意，要求得到释放。于是他获得了自由。接着，律师走向绞刑架。侩子手再一次拉动了控制杆，但它仍然失灵。律师同样要求获得释放，因为他不能因为同一罪状被判两次死刑。于是他也获得了自由。最后，轮到工程师了。他上去对脚手架仔细检查了一遍，在侩子手还没动手之前，他抬起头大声说，"啊哈，是这里出了故障！"

Alan Cooper 接着列举了逻辑人的更多特征：

- 不惜牺牲简单以换取控制；

- 不惜失败以换取认知；

- 不放过任何一点可能性；

- 行为像体育特长生。

可怜一下用户吧！他们只不过是一些现代智人；他们对计算机或复杂度不感兴趣；他们只是想做好他们想做的事情。

任何人都能做出一个没人会用的复杂软件。这其实并不难！把软件做得易用才需要真本事！我不确信你是否需要请那些要价不菲的交互设计师来达成这个目标，但你必须停止像逻辑人一样思考——而应该学会像现代智人那样思考！

象牙塔式的开发

我向来不鼓励象牙塔式的开发模式——开发团队常年封闭在"高塔"之中，一门心思地做着魔法一般的软件。这些开发者根本不知道用户会怎样使用他们所做的软件。你若问他们，"最近一次面见用户是在什么时候？"他们甚至可能都回答不上来！**因为缺失强有力的证据，开发者都假设其他所有人都是开发者**。这种想法的危险性就不用我多说了吧！

根据我的经验，越是把开发者孤立起来，他们最终做出来的产品就越糟糕。尽管大部分团队都有专人做业务分析（他们以隔离开发者与用户为己任），那也无济于事；反之亦然。营造一个专门的环境，使得开发者全然不知用户是谁，这种做法是很危险的。

我曾经在太阳公司的某个部门的全体员工大会上做过一次演讲。我问底下的人，"有谁在过去30天内跟客户面谈过？请举手。"几只手举了起来。我再问，"过去90天之内呢？"又多了一只手。"过去一年之内呢？"再多了两只手。要知道，当时在会议室里聚集了 100 多个人,他们可都直接负责为用户交付产品(Java 培训课)啊……

跟客户面谈?这可是公然违背某些软件开发模式——这些模式的拥护者相信,只要产品规范定义清楚了,"工人"(程序员、文档工程师等)应该没必要去联络真实的用户。真是胡说八道!用户在尚未看到产品之前能够清楚表达的东西,与他们在实际使用过之后所表达的相比,极少有完全符合的。这正如市场研究:人们不可能事先准确地说出他们对某样东西的反应;他们必须去尝试;你必须在一旁观察、倾听、了解,然后把你所了解到的带回去,并据此改进你的产品。对于用户来说,那种古老的瀑布模式几乎是有史以来最糟糕的东西,原因就在这里。

在整个项目周期内,请尽力将你的开发人员暴露在用户面前。让团队中的一位开发人员参加所有的用户会议。让开发人员参与可用性测试和验收测试。让他们看到一个典型的用户会在一些基本的计算机程序上挣扎不已——没什么比这能更有效地摘掉开发人员常戴着的"逻辑人"眼罩。开发人员根本就无法理解,普通用户居然不知道 ALT + TAB 是干嘛用的,更不用说怎么使用它了。只有让他们真正看到了,他们才会相信。

最近一段时间里,我参与的大都是些内部项目。我所指的内部项目的情况是,不管用户想用还是不想用,他们迫于无奈必须使用你做的应用程序。免费的东西就是这样。不过,在软件的质量方面,不禁让人担忧。正如 Joel Spolsky 所述:令人遗憾的是,很多内部软件糟糕得一塌糊涂!这是真的。很可悲!这是象牙塔式开发的另一种表现形式:在"客户"的工作要求他们必须使用我的软件的情况下,我还有什么动力去在意他们的抱怨呢?

我更愿意做一些客户会付费的项目,或者至少得改进内部项目的处理方式,须给人的感觉是:用户为了你的产品是付了钱的。这就引出了 Eric Sink 所说的一种"互信关系"。

当人们从你那里购买软件的时候,他们对眼下和将来均有很多期望:

- 他们相信，你的产品可以在他们的机器上正常工作；

- 他们相信，如果他们碰到了问题，你会帮助他们；

- 他们相信，你会持续不断地改进产品；

- 他们相信，你会以一个公平、合理的价格为他们提供改进后的版本；

- 他们相信，你的公司不会在短时间内破产。

因此，当你要求人们购买你的软件时，你也在请求他们信任你。但是，你对他们有多少信任呢？

软件厂商和用户之间的关系就像是两个人之间的关系一样。如果没有相互之间的信任，双方的关系就不会好。如果你单方面期望得到信任，而自己又不愿意付出，关系是建立不起来的。我经常看到一些软件创业者根本就不想信任用户。没错，信任别人容易使自己受伤。就像在人际关系里一样，信任是有风险的。我们可能会因此受到伤害。但如果没有信任，关系根本就起不了什么作用。

我不禁自忖，大公司里对内服务的部门就应该像小型的软件公司一样运作——他们需要在整个公司里向其他部门积极推销他们做的应用程序，并且向用户收费。我觉得，这可能使整个组织都变得更加精益、更加均衡，最终变得更为健康。另外，那些小而无用的项目（这在大公司里太常见了），如果没有了需求，自然也就死去了。

让程序员设计界面的后果

每个软件开发者的内心深处都有一个当美工的小我，而且呼之欲出。但倘若他真的出来了，你就麻烦了。不可避免的是，你的用户也惨了。

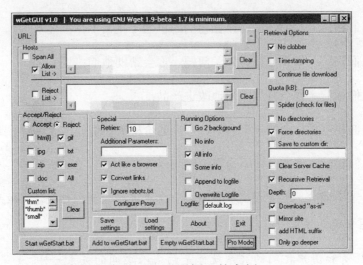

Joseph Cooney 提到过一个关于"对话框"的案例。

有个开发人员需要一个界面，也就是 1～2 个文本框，于是他自己创建了一个"对话框"。也许他只是想试验某些东西，而且想着肯定会在产品发布之前把它删除。后来，他发现需要增加一些参数，于是相当随意地添加了几个控件。这个对话框放开了某个功能，看起来还挺酷的，或者挺有用的。尽管这个功能只有高级用户才用得上，但还是挺酷的。后来，这个开发人员想出来新的参数，能够让功能更加强大，于是他把它们都加到了这个对话框。再后来，也许其他开发人员或高级用户发现了这个对话框，他们都爱上了这个功能，但疑问是，"为什么 X 参数没有被开放出来呢？"于是，对话框上加入了新的控件……没过多少时间，技术团队就已经习惯了看到这个对话框，以致于他们对它的奇怪外表都熟视无睹。产品经过了全面的测试，终于迎来了要发布的时刻，但也总算有人发现了这个对话框的问题。遗憾的是，太晚了，已经没时间大量返工了。于是，草草整理一下，一起发布吧！

如果让程序员来设计用户界面，那么结果一定是很"欢乐"的，就像上面的对话框一样。当这种糟糕的界面呈现在毫无戒备心理的用户面前时，它更像是一部恐怖电影。我不寒而栗……可怕的是，这种恐怖还在继续……

是朋友，就别让你的朋友做出只有程序员才会用的界面。

优秀的程序员都有自知之明，知道自己能做什么，不能做什么。他们要么直接拷贝别人的优秀设计；要么本分地只做编码，而把界面设计的工作交给其他专家。

保护"中间分子"

在多少事情上面，你会把自己界定为"专家"？我每天开车上下班，但我从不认为自己是驾驶能手。我每天至少刷两次牙，但我不是口腔护理专家——有问题的话，问一下牙医就行了。我一直在用 Visual SourceSafe，但我极少使用那些较为高级的功能特性，比如 Branch、Pin 或 Rollback。真正要做那些事的时候，我必须查看帮助文档。在很多事情上，我只是保持中等水平，而仅仅在很少很少的一些方面是专家。在《交互设计之路——让高科技产品回归人性》一书中，Alan Cooper 也谈到了这种"中间分子"现象。

人们使用（大部分东西上的）交互式系统的经验，其统计分布趋向于符合经典的贝尔曲线。不管对于什么智能产品，如果把掌握特定技能水平的用户数量用图形表示出来，我们将看到：有一些新手分布在左边，一些专家分布在右边，而多数中等水平的用户聚集在中间。

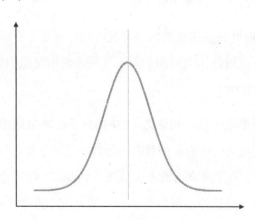

然而，这种统计并不全面。它只是在某个时间点上的快照。尽管大多数人（"中间分子"）会在长时间内保持稳定，但分布在曲线两端的人（新手和专家）却总是在变化着。大家知道，维持很高的专业水平是很难的，因此专家的更替速度很快。

其实，分布在曲线左边的新手的更替速度更快。

每个人都是花上尽可能少的时间从新手开始的。不过，没有人会长时间地停留在这个状态。那是因为没有人想一直做新手，这也从来不是什么目标。人们不喜欢"不够格"，而新手（从字面上理解）就是不够格的。与之相反，学习和提高是很自然的，让人有所收获，而且过程中充满了快乐。于是，新手的水平很快就进步到中等。举例来说，学打网球是很有趣的，但在刚开始的几个小时或几天里，当你回球时击不到球或者总把球打出围墙时，一定会很气馁。而当你学会了基本的球拍控制技巧，并且不用总去捡球的时候，你事实上就取得了进步。坦率地说，初学阶段一点都不有趣，所有人快速经历过那个阶段之后，进入了某种貌似的中级阶段。如果在几天之后，你发现自己仍然满场跑，费尽气力却还是打不好球，你就会放弃网球了；去钓钓鱼或集集邮多轻松啊！

分布在曲线左边的新手有两种流动趋势：他们要么进入中间的凸出部分，达到中级水平；要么就离开，然后选择他们有能力达到中级水平的其他领域。然而，分布在曲线中段部分的人数是非常稳定的。当人们在某方面获得足够的经验和能力时，他们通常会永远保持着。尤其是那些具有较高认知难度的产品，用户在学习它们的时候没有丝毫乐趣。因此，他们只是学一些最基本的东西，然后就止步不前了。只有"逻辑人"才会乐于学习复杂的系统。

Alan Cooper 进而批判了传统的软件开发方式，说那是背道而驰——开发人员拥护专家级的用户，市场营销人员拥护新手（因为新手是他们的目标客户），但有谁为"中间分子"代言呢？

我把他的观点再推进一点：**我认为，"中间分子"才是最重要的用户。**中等水平的用户数量是如此巨大，他们如此具有主导性，以致于你可以（而且应该）放弃新手和专家级的用户。为了迎合为数不多的新手和专家，你在软件开发过程中耗费了大量的时间，最终只是让产品变得更差劲，结果还冷落了核心用户群（"中间分子"）。新手应该要么成为"中间分子"，要么（在某种意义上说）"舍身取义"。至于那些专家级的用户（他们的名字又叫开发者），那是另外一种小生态，你值得为他们另做一套专业级的设计。

有一些工具支持专门针对"中间分子"设计，在我看来，它们中最强大的莫过于"引导性用户界面"（Inductive User Interface，简称 IUI）。从概念上讲，IUI 其实很简单，就是借鉴 Web 的最佳设计元素：

- 回退按钮；

- 单击方式的超链接导航；

- "把所有东西都放在同一个页面上"的以活动为中心的模式。

并且把它们与传统 GUI 中的最佳设计元素组合在一起：

- 丰富的接口；

- 高性能；

- 利用客户端的资源（磁盘、内存、视觉效果等）。

最早使用 IUI 的大型应用软件是微软的 Money 2000。我的妻子也用过这个软件。我还清晰地记得她安装 Money 2000 时的场景，当时我绝对是被这款软件高效的界面震撼到了。

IUI 模式是在开发 Microsoft Money 2000 的过程中发展起来的。这是一款个人理财方面的应用软件。Money 2000 已经是这个产品的第 8 次重要发布了。它是一个大型的 Windows 程序，其代码量超过 100 万行。Money 2000 是一个 Web 风格的程序。它不是网站，但借鉴了许多网站元素。它的用户界面由很多全屏的页面组成，并且都显示在同一个框架之内，还配有允许用户前进或后退的导航面板。在这个基础之上，Money 2000 增加了一套新的用户界面规范，开创了更加结构化的用户体验。

其实，IUI 设计也就是一种比较好的开发实践：**能"偷"来的东西，你就别自己去做**。而到网上去"偷"东西完全是不费脑筋的事。我只是不明白，这个过程为什么这么长！

大家可以看到，Windows XP 就已经开始使用 IUI 了（你可以试一下它的控制面板）。有很多线索表明，微软会在后续版本的 Windows 里更多地使用 IUI。作为负责任的.NET 开发者，我们应该行动起来，开始开发基于 IUI 的用户界面。

每个用户都会说谎

Heidi Adkisson 曾经说过，功能特性是产品的卖点，但当初让人们怦然心动的那些功能特性，在他们购买之后却往往并未被使用。

几年前，我做过一次广泛的调查：到别人家里去，观察他们使用某个特定的计算机外设。大部分人买的都是高端型号，有很多功能。但我观察之后发现，只有一个"超级用户"用到了基本功能以外的一些特性。这些人付了很多钱才买来这些功能特性，但他们居然不用。然而，当回想当初的购买经历时，他们分明为了那些特性而心动，真诚地想用它们。但是，一旦把产品买回家，开了箱，"活跃用户的矛盾体"就占据了上风。他们甚至都没有花最少量的时间去了解一下基本功能以外的东西（即使那些额外的功能特性可能为他们节省时间）。

根据我的经验，购买决定的驱动力来自于人们对某种体验的渴望。但到最后，他们的愿望可能跟现实不太一样。

有趣的是，Heidi Adkisson 用了"可能"这个词，说得比较委婉，但她的研究数据显示，**用户的愿望与现实几乎总是相悖的**。也许这也是她的愿望吧——她希望生活在一个愿望与现实不那么背离的世界里。我不怪她。要真是那样，世界将会挺美好的！

我们提倡要观察用户的实际行为，而不是听他们叙述他们的所作所为，其原因就在于这种背离。而把这种"说一套，做一套"当职业的人叫"经济学家"。观察是一种很强大的技能，要学会通过人们的行为来判断，而不是听他们说什么就是什么。如果某个行为会导致钱从自己的口袋里流出，人们在这种情况下总会三思而后行。因此，你需要读一读像《魔鬼经济学》这样的书，甚至要读《经济学人》杂志。如果你还没有经常性地阅读"魔鬼经济学"博客（http://freakonomics.com/blog），那就赶紧开始吧！

人们说谎，并不是因为他们都是可恶的骗子（尽管有些人的确是骗子），而是因为他们常常在通过某种方式欺骗自己。有些谎言是有益的。在社交环境里，一些小小的"白色"谎言能够起到润滑剂的作用。有一部很不错的电视剧叫《House, M. D.》，其主题之一就是要揭开谎言与阴谋的神秘面纱。

这部电视剧把主人公 Gregory House 的性格跟福尔摩斯巧妙地结合在一起，这是很合适的，因为它本质上就是一部侦探片。Gregory House 是由才华横溢的 Hugh Laurie 扮演的，他总喜欢说，"**每个人都会说谎。**"在生命的紧要关头，层层解析人类所有的非理性行为和不可避免的谎言（不管是善是恶），于是成就了一个着实扣人心弦的侦探故事。

Heidi Adkisson 提到的"活跃用户的矛盾体"，这个概念早在 1987 年就开始流传了。我强烈建议你读一读那篇原始论文："Paradox of the Active User"。但如果你没有时间，那就来看看 Jakob Nielsen 的总结吧。

用户从来都不读《使用指南》，而是一拿到软件就开始使用了。他们迫不及待地开始，想赶紧把他们想做的任务做完——他们不那么关心系统情况，不想把时间花在预先的准备工作上或者翻看一遍学习资料。

"活跃用户的矛盾体"就是一种自相矛盾，因为如果用户对系统多一些了解，从长远来看，是会节省时间的。但在现实世界里，人们的行为模式不是那样的。因此，我们不能让工程师针对理想化的理性用户开发产品，因为现实中的人是非理性的。我们必须根据用户的实际行为模式来设计产品。

对于"活跃用户的矛盾体",还有很多种其他的描述方式,比如 Alan Cooper 就把这类用户称作为"中间分子"。我觉得,最简单的解释就是:每个用户都会说谎。与其询问用户是否喜欢你的软件——他们当然会说喜欢,因为当面说你的软件有多么糟糕透顶显得很无礼——你应该效仿 Gregory House:去观察他们是否使用了你的软件,以及他们是怎么使用的。基于行为数据去设计你的软件,而不要靠用户说的"谎言"(不管那些谎言带有多大的善意)。

别把产品发布当目标

Chuck Jazdzewski[①]给新手程序员提出了一些慈父般的忠告(原文标题为"Fatherly Advice To New Programmers"),其中有这么一段:

编程很有趣。那是探索的喜悦。那是创造的喜悦。那是成就的喜悦。那是学习的喜悦。看到自己亲手做的东西显示在屏幕上很有趣。有同事为你的代码惊叹很有趣。有人在公共场合称赞你的产品,邻居使用你的产品,以及在媒体上讨论你的产品很有趣。编程应该是有趣的,如若不然,那就找出导致编程无趣的问题,然后把它解决掉。可是,发布产品并无乐趣可言。我经常说起,发布一款产品感觉不错,就似某人停下来不再追打你了。你的工作就是完成产品,修复 bug,然后发布。如果需要修复 bug,那就去修复。如果需要写文档,那就去写。如果需要测试代码,那就去测试。所有这一切都是为了发布产品。老板花钱雇用你不是为了编程,而是为了发布产品。请做好你的工作!

说得不错!衡量程序员是否成功,有个标准就是看他发布了多少代码。但是,**仅仅发布是不够的**。另一种更有意义的衡量方法是,问一问你自己,有多少代码发布到了现实世界里活生生的用户的手中。不过,用户量也不见得就等于使用量。

问题是,**有多少用户在真正使用你的软件?这才是衡量成功的终极标准。**

---

① Chuck Jazdzewski 曾在 Borland 公司担任 Delphi 首席架构师、首席科学家,与 Delphi 兼.NET 之父 Anders Hejlsberg 并肩作战。他于 2004 年从 Borland 公司离职之后加入微软。——译者注

当开始计算的时候，你就有点胆战心惊了。下面是 Rich Skrenta 的解释。

在这个团队里，我只是一名工程师。我们的产品在市场上的反馈被逐步传递回来。我发现，我费尽心力做出来的东西却没被任何人使用。那东西还是挺挑战智力的……就像是玩纵横字谜之类的游戏。但它没有给世界带来任何价值。

我开始环顾四周，然后发现其他团队也有很多这样的例子：他们在做一些没人会用或无人问津的东西，比如移动 IP 倡议，孜孜不倦地制定着一些无人关注的标准，在实验室里做一些不可能得到实际应用或被人引用的研究。

悲哀啊……

我曾经做过一些东西，人们也确确实实使用了。不过那是以前的事了。那时的感觉很不错！我做了一个网络新闻阅读器，它有几十万用户。我还运营过一个在线游戏（只是作为业余爱好兼职做的），它有几百个付费用户。我自觉很满足。我的业余项目居然比我的本职工作服务的客户还多。

于是，我毫不犹豫地做了一个决定。我打算去做人们真正愿意使用的东西。

这听起来算不了什么。但如果你去了解一下太阳公司、美国在线、惠普、IBM、思科、Siebel、甲骨文、任何大学、很多初创公司、甚至谷歌和雅虎，你就会发现人们都在做一些不会被发布的东西。或者即使发布了，那些产品也不会引起别人的注意，或者产生的影响微乎其微。真是悲剧啊！就好似你辛辛苦苦写了一篇博客，结果没有一个人去读。人们会嘲笑那些写了博客但"只有他们的妈妈才会看"的博主。但对于众多的程序员呢——他们用代码筑起一条条道路，却始终无人问津？

正是基于这个原因，我常常感到困惑：**对于软件开发者来说，写代码真的是利用他们时间的最有效方式吗？**软件开发者不写代码——你觉得有悖天理，对吧？

别急，且听我说。如果早知道所写的代码没人会看，没人会用，最终也没有任何人从中受益，聪明的软件开发者是不会愿意写那些代码的。为什么要去建造一栋永远不会有人住的空房子呢？

聪明的软件开发者知道，他们的工作远远不止编写代码和发布产品；**他们的工**

作是开发出人们真正想要使用的软件。这当然包括编码，但还有大量全局性的其他事情，比如撰写技术文档①、交互设计、培养用户社区、乃至产品愿景，这些对于软件的全面成功都是至关重要的。如果连这一点都没有搞明白，那么你写了什么样的代码也就无关紧要了。

像 Rich Skrenta 那样，如果你希望开发人们想用的软件，请记住，你有职责让你的软件值得人们去用。

别问，须观察

James Surowiecki 是《群体的智慧》一书的作者。他在《纽约客》杂志的一个栏目里提到了"复杂性与用户选择之间的矛盾"。

有三位市场专业学者最近发表了一份研究报告，他们发现：当给予消费者某个数字设备的三款复杂度不一的型号时，超过 60% 的人选择了功能最多的那款。然后，当他们被赋予机会去从 25 个功能里选出一些来定制他们的产品时，他们表现得像置身于糖果店的小孩一样。（平均而言，他们每人选了 20 个。）但是，当他们被要求使用这个数字设备时，传说中的"功能疲劳症"便发作了。他们因为自己创造出来的过多选项而困扰不已，以致于最后承认：如果能使用简单一点的产品，他们会更开心。

当你在开发一个怪物似的产品时，你是意识不到的——直到有一天你去尝试使用它，才恍然大悟。我把它称之为**吃自助餐时的"食量"问题**。当你非常饥饿的时候，看到面前这么多美味的食物可供选择，很自然地会把自己的盘子装得满满的。但当坐到位置上时，这才意识到，你绝不可能吃掉所有的食物。

平心而论，有时候人们确实需要复杂。谷歌的韩国首页就被故意设计得有点复杂。谷歌的 Marissa Mayer 解释道，"在我们一贯追求的简约主义不适用的场合，我

---

① 参见本书附录之"如何写技术文档"。——译者注

们会灵活应变——这么做是很重要的！"

这在 Donald Norman 早些时候的一篇博客中得到了印证。他说，韩国人在奢侈品消费方面钟情于复杂的东西。

最近，我在韩国的一家百货商店逛了一逛。每当我到访一个以前从未去过的国家，我总把逛百货商店和当地市场作为最好的消遣之一；这样我就能更好地了解当地的文化。食物不一样，服饰不一样；在过去，器具也不一样：家电、厨房用具、园艺工具、购物工具等。

我发现，传统的"白色家电"（冰箱和洗衣机）是最有趣的。毫无疑问，商店里有韩国当地的品牌，比如 LG 和三星，但也有像通用电气、博朗、飞利浦这样的国际品牌。在规格和价格一样的前提下，韩国当地的产品看起来都比外来品牌的产品更加复杂。为什么呢？我问了两位"导游"——他们都是可用性方面的专家。他们的解释是，"因为韩国人喜欢让东西看起来复杂一点。"那是一种象征，表明了他们的身份。

James Surowiecki 引用的研究报告，恰恰说明了人们口头表达的欲望与他们内心真正的所欲之物之间的差别。你会发现，这个问题在可用性范畴里一次又一次地被反应出来：**用户口述的他们想做的事情，与他们实际的所作所为相比，**

往往天差地别。从可用性的角度讲，询问用户他们想要什么几乎是徒劳的，原因就在这里——**你必须观察他们真正做了些什么。**这就是"可用性测试"。与其询问用户他们想要数码相机的什么功能，正确的做法应该是：把几个数码相机的原型摆在他们面前，然后观察他们是怎么使用的。用户摆弄原型机的过程中传递出来的信息（成功也好，失败也罢），比 1 000 份问卷调查或小组讨论的产出更有价值。遗憾的是，制作数码相机原型的费用过于昂贵，因此也没人真的这么做。

然而，制作软件的原型（纯粹是脑力劳动的产物），相比之下要容易得多。Dare Obasanjo 最近提到了一篇很棒的文章，标题为"Practical Guide to Controlled Experiments on the Web"（网上可控实验的实用指南），为基于观察的 A/B 测试进行了有力的辩护。

亚马逊公司的 Greg Linden 创建了一个原型，展示了基于购物车里的商品进行个性化推荐的功能。它是这么工作的：你往购物车里加入一件商品，更多的推荐商品随即展示在你眼前；你再添加一件商品，所推荐的商品也随之变化。据 Greg 所说，尽管原型程序看起来很有前景，但市场部门的一位高级副总裁极力反对，宣称那样会在结账的时候分散人们的注意力。Greg 被勒令停止这方面的工作。然而，Greg 做了一个可控的实验，结果这个功能为公司赢得了很大的利润，以致于如果关闭它会显著影响到亚马逊的营收。情急之下，基于购物车的推荐功能正式发布了。自那以后，多个网站"抄袭"了这种购物车推荐功能。

亚马逊的实验文化（数据胜于直觉）以及一套易于做实验的系统，使得亚马逊能够快速而有效地进行创新。

如果你能轻松地把基于购物车的推荐功能开放给一半的用户，然后观察其效果，何必还要去询问用户他们是否喜欢这个功能呢？网站应用特别适合这种观察测试，因为在服务器端通过一系列的 HTTP 请求来收集用户行为数据，这做起来很容易。通过这种方式，你甚至不必真的去现场"观察"用户。即使你是在开发传统的桌面应用程序，只要费点心，你也可以做同样的数据分析。Jensen Harris 讲述了微软是如何在 Office 2003 里收集用户行为数据的。

假如你想知道 Office 2000 的哪些功能人们用得最多。好吧，你只能去问一个"专家"——他已经用这个产品用了很长时间。专家说，"所有人都用 AutoText 用得很多。"专家的声音越高，他们的意见就越有价值。然后，你就会听到这种奇闻异事，"圣诞节的时候我待在家里，看到我妈在使用普通视图……也许大部分新手都这么用吧。"专家还会提出一些帮助性的建议，"我听百思买的一个家伙说，大部分人都使用多个显示器。"

SQM 代表 Service Quality Monitoring（服务质量监控），它只是一个内部名字，而在公司以外就是大家熟知的"客户体验改善计划"。它是这样工作的：Office 2003 的用户有机会选择参加这个计划；从这些人中，我们匿名收集无法逆向追查的数据——这些数据具体描述了软件是怎么被使用的，以及在什么样的硬件上被使用。（当然，我们不会收集任何个人身份信息。）

作为设计师，我们定义了我们有兴趣了解的数据点。为了收集这些数据，软件做了专门的"插桩"。所有收集回来的数据聚合在一个巨大的服务器上，然后像我这样的人会去使用这些数据，以辅助某些决策。

我们收集什么样的数据呢？实际上，从用户执行了什么命令及其使用频率，到他们有多少个 Outlook 邮箱目录，我们无所不知。我们知道你使用什么快捷键。我们知道你在"日历"上花费多少时间，以及你是否定制了工具条。简而言之，只要不危及用户的隐私，我们会收集所有我们感兴趣并且有用的信息。

这听起来有点古怪——他们像黑社会老大一样——但是，SQM 不过是把任何 Web 应用程序都能轻松"享用"的报告机制扩展到桌面应用程序而已。

这种数据的真正威力在于，你可以在远程悄悄地"观察"用户，搞明白他们在用你的软件做什么；这个过程还是自动的。现在，你就能回答像"Word 2003 里用得最多的 5 个命令是什么"这样的问题了。答案可能会让你吃惊哦！你知道吗，你的应用程序里最常被使用的 5 个功能是什么？

请别误会！我热爱用户。我的好朋友中有一些就来自于用户。但就像我们所有人一样，他们是靠不住的（尽一切努力也无济于事）。**在可用性方面，为了超越靠**

猜测行事，**你必须去观察用户如何使用你的软件，除此之外别无他法！** 在做设计的时候，如果能基于用户对你的软件的实际使用方式来做决定（而不是基于他们口述的或者你自己想象中的使用方式），岂不是更合理？不管你是在"低保真的可用性测试"①中观察用户，还是收集用户行为数据、然后在无形之中观察用户，宗旨是一样的：**别问，须观察！**

功能越多越好吗

　　Mark Minasi 已经愤怒至极——他再也无法容忍了！在他所著的《The Software Conspiracy》（软件的阴谋）一书中，他详尽审视了这样一个悖论——软件依靠新功能来推动销售，但久而久之，那些新增的功能恰恰是使软件越变越糟的罪魁祸首——其实，我也正为之所困呢！

　　如果让某个计算机杂志发布一份关于字处理软件的摘要，他们的文章肯定围绕着"功能矩阵"（Feature Matrix）展开——用一张表格来展示哪些字处理程序分别有哪些功能特性。读者只需扫一眼，就能快速知道哪个字处理软件的功能最丰富，而哪个软件功能最少。我虚构了这样的一个表格，示例如下：

	MyWord 2.1	BugWord 2.0	SmartWords 3.0
支持黑体字	×	×	
能在 Atari 520 上运行		×	
段落的第一行自动缩进	×		
附带盲打练习游戏		×	×
用户自行造字		×	×
生成文档目录	×		

---

① 参见作者的另一本书《高效能程序员的修炼》的第 9.7 节"低保真的可用性测试"，人民邮电出版社（2013 年）。——译者注

续表

	MyWord 2.1	BugWord 2.0	SmartWords 3.0
支持颜色轮换的3D项目符号		×	×
支持无序列表	×		
支持斯拉夫字母符号集		×	
内置马来语翻译器		×	×

　　BugWord 2.0 看起来是最有价值的，因为它那一列里打的"×"比较多。然而，再仔细看过之后，你会发现它缺少了一些非常基本而有用的字处理功能，而 MyWord 2.1 却有这些功能。但是，摆在读者眼前的"功能矩阵"似乎很自然地表达了杂志的观点：功能好啊，多多益善！作为 Internet Week 的高级执行编辑以及计算机媒体方面的资深人士，Wayne Rash 说过，"翻一翻像《PC Magazine》这样的杂志，你就会发现这种庞大的对比图。任何产品可能做的功能，只要能想得出来，就都被一一列出。对于某个特定的功能，如果某个产品支持它，这个产品的旁边就会标上一个小黑点。很多公司的目标是，要让自己的产品在每个功能上都得到小黑点，因为那样就会让他们的产品看起来更加出色。"

　　Mark Minasi 认为，软件公司把为现有软件修复 bug 的优先级设得比较低，而把为接下来的版本开发新功能这事看得特别重要。导致的结果是，软件的质量每况愈下。他还把比尔·盖茨说过的话晒出来作为最好的佐证：

　　在我们已经发布的软件里，不存在大量用户期望得到修复的非常严重的 bug……我们开发新版本不是为了修复 bug。绝对不是！要不然，那将是我听过的购买新版软件的最蠢理由……同样的道理，（更好的）稳定性也绝不是升级到新版本的理由。从来都不是！

　　我觉得很难去驳斥这个逻辑。客户愿意花钱购买新功能。但他们不会为软件公司修复的 bug 买单。无良的软件公司深谙此道，于是他们把 bug 的修复放在下一个版本，再加上一堆看起来激动人心的新功能，以此来引诱客户升级。

与 Mark Minasi 不同，我不太担心 bug。所有的软件都有 bug；如果 bug 堆积得太多，用户最终会离你而去。从财务的角度来看，修复 bug 的价值确实不大，但市场对于 bug 成堆的软件自有其调节能力。

在我看来，更为深层次的担忧是：**那种正在慢慢滋生的微妙的"功能癖"——它会摧毁人们最喜爱的软件**。那是一种最残忍的折磨，就像是染上了一种慢性的退行性疾病。令人遗憾的是，在用了很多很多年软件之后，我发现，增加更多的功能极少能造就更好的软件。商业软件市场真是可悲，在它迫使软件公司在产品功能数量上力争高人一等的同时，可能也在有效地伤害那些它本想去取悦的用户。

最糟糕的是，客户也当了"同谋犯"——这绝对是最最糟糕的事！客户想要那些新功能。客户使用那个可怕的"功能矩阵"来对比各个软件，并据此决定他们到底买哪个。殊不知，他们正在慢慢地杀死自己所喜爱的软件。

如今，当我启动 WinAmp 的时候，冲击我眼球的总是这种升级对话框。

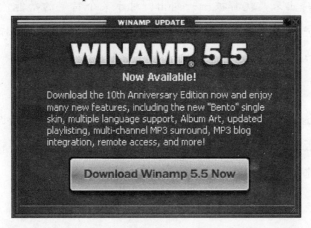

这些新功能对我有意义吗？说不上来。Album Art（专辑封面）看起来挺有趣的，但其他的功能对我一点用处也没有。当然，我没必要升级，这也不是强制性的。但是，我不是为自己担忧，而是为 WinAmp 捏了一把汗。为了每一个"全能型"的新功能，WinAmp 渐渐地变得越来越慢、越来越臃肿、越来越复杂。事与愿违——当这种"功能"堆砌了太多之后，WinAmp 最终将自毁前程！

有时候，我怀疑当前的软件商业模式劫数难逃。乏善可陈的功能被没完没了地堆砌在一起，到头来几乎总是走向灭亡。要么软件最终变得非常臃肿、效率低下，一些小巧敏捷的竞争对手顺势取而代之；要么软件慢慢地不堪重负而自行崩溃。不管是哪种情况，商业模式的问题依旧，轮回还在继续。当前模式的某些东西必须要改变。能够存活 10 年的商业软件已经弥足珍贵了，但它们中的大部分都感觉像恐龙一般了。

我们也许不该再盲目地把软件当成一堆功能来衡量——人们总有"食量"限制，就像在吃自助餐时，那么多食物你吃得完吗？我们应以结果为导向，衡量软件在帮助我们完成任务时的生产力或效力。当然，衡量生产力和结果是比较困难的，而在一个巨大的"功能矩阵"上数黑点却不费吹灰之力。也许正是那种"逃避"才让我们走到了如今这般田地……

生物会为所欲为

在蓬勃发展的软件开发世界里，我们耗费了很多精力去学习新的东西，我们如此着迷于闪亮的新生事物，以致于有时候都忘记了历史。我不是指那些划时代的成就——那些故事所有人都知道。我指的是我们以前尝试过的、但最终没有取得成功的事情——失败、失意者、伟大的实验、疯狂的计划……

我完全赞成"重新发明轮子"，因为那是最好的学习方法之一。不过，在你亲手试尽一切现有之物之前——不管它们是新是旧，是好是坏——先别急着去发明一样东西。请做好自己应该做的！

我热衷于阅读揭秘性的故事，比如"The Lessons of Lucasfilm's Habitat"（卢卡斯的 Habitat 的教训）。它基本上就是 1985 年那时候的"魔兽世界"。

Habitat 是一个多人参与的在线虚拟环境——一个网络空间。

　　每个参与者（"玩家"）都使用一台家用计算机（Commodore 64）作为智能客户端，在基于数据包交换的商业网络上，通过调制解调器和电话线与一个中央主机系统进行通信。客户端软件提供了用户界面，会把当前正在发生的事通过实时动画显示出来，并且接收玩家的输入，然后向远程主机发送消息。远程主机负责维持系统的世界模型，执行一些规则，让每个玩家都能及时得到持续变化着的世界动态。

　　那是家用计算机的黑暗年代。在 1985 年，Commodore 64 机器里能装有 64K 内存已经很不错啦。一整套 DOS 版的 Turbo Pascal 3.02（在一年后的 1986 年发布的）也才 40K。

　　"多人参与的虚拟世界"——如今我们已经司空见惯，因为从本质上来说，每一个现代网站都是一个多人游戏——这个概念在当时是极其独特的。卢卡斯公司经历了一段非常艰苦的过程，去向人们解释 Habitat 是什么，以及它的游戏规则。

　　可以想见，"The Lessons of Lucasfilm's Habitat" 这篇文章里的技术信息早已过时，如今已几乎毫无用处。但是，Habitat 在社会学方面的教训痛入骨髓，至今仍然有效，就像当初 1985 年一样。27 年以来，计算机已经发生了根本的变化，但人们的行为却没有变。一点都没变！下面这一段一针见血：

　　我们多次发现，习惯性地对玩家行为进行无意识的假设，然后据此采取的行动完全得不到预期的结果（有时候是彻底的失败）。很显然，事情不在我们的掌控之中。我们牵涉的人越多，就越是控制不了。**我们可以施加影响，可以建立有趣的环境，可以创造让事情发生的机会，但我们不能预测或者决定结果。**社会工程（Social Engineering）充其量是一种不精确的科学，即使在网络空间原型里也是这样。有人曾经说过，"在最最精心准备的实验中，即使条件受到最严格的控制，生物也将为所欲为。"

说得更加明白一点：

在经历过这些挫败之后，我们改变了运营方式，转而让玩家自己去推动设计的方向。事后证明，这种做法要有效得多。与其吃力地推着社区朝我们自以为是的方向上走——非常像驱赶老鼠——倒不如我们静心观察人们在做什么，并从中协助。我们在扮演设计师和实施者角色的同时，也成为了促进者。这常常意味着，我们以狂乱的步伐给系统增加了新的功能和区域支持，但几乎所有新增的东西都被使用了，并得到了人们的赞赏，因为那些东西都符合他们的需要和愿望。作为系统设计方面的专家，我们可以经常建议人们去尝试新的活动或者人们可能没有想到的其他的做事方式。这样的话，尽管没有真正掌握"方向盘"，我们仍然能够对系统的发展施加相当大的影响——事实上，与之前我们错误地控制一切的时候相比，我们现在的影响力更大。

这恰恰就是我在"倾听社区的声音，但别被它们牵着鼻子走[①]"一文中所要说明的问题。遗憾的是，因为我在几个月前才读到"The Lessons of Lucasfilm's Habitat"这篇文章，明白这个重要教训的时间比 Randy Farmer 和 Chip Morningstar 晚了 25 年！其实，Stack Overflow 上有许许多多的功能都是"观察社区在做什么，然后尽力去协助他们"的直接结果：

- 早在 Stack Overflow 尚处于 beta 阶段，我们注意到：用户拼命地想要进行相互之间的回复，而这些回复看起来凌乱不堪，虽然被标识为"答案"，但它们其实并不是针对最初问题的答案。我们并没有指责用户的不当做法——也没骂他们愚蠢！——而是附加了一个评论系统，给他们一种方法去为答案和问题注解：或澄清，或更新，或提炼。

- 我曾经认为，专门设一个地方去讨论 Stack Overflow 是没必要的。对此我还一度非常固执……社区里的人甚至打算另起炉灶，建立一个 phpBB 论坛来讨论 Stack Overflow。面对这种核弹般的最后通牒，我最终妥协了。你

---

① 参见作者的另一本书《高效能程序员的修炼》的第 10.1 节，人民邮电出版社（2013 年）。——译者注

知道吗？他们是对的。是我不对。

● 社区为处理重复的问题自发提出了一种约定：通过手动编辑一个引用块，在问题的顶端加入一个转向其所重复的、更具权威性的问题的链接。这种在用户编辑方面的小小约定，最终成为了我们官方实现的模板。

我还可以继续，就怕你不耐烦。可以这么说吧，我们在 Stack Overflow 上引入的功能中，每三个中至少有两个或多或少直接来源于我们对社区的观察。我们与用户并肩作战，为他们开发工具，帮助他们以更少的心思和力气去做他们想做的事情。这就是我过去 4 年里的工作。我非常喜欢做这样的事情，直到不得不停下来。

Randy Farmer 是卢卡斯公司的 Habitat 的主要设计师之一，他后来还做了很多令人瞩目的事情，比如与 Douglas Crockford 一起做了 JSON、在线版《模拟人生》、《第二人生》、雅虎 360°、雅虎知识堂、Answers.com 等等。最后，他把他的一些经验凝聚成了一本书：《Building Web Reputation Systems》（建立网络声誉系统）。我在 2011 年 4 月买了这本书的 Kindle 版。当时我还不知道 Farmer 先生是何许人。我只知道这是 O'Reilly 出版社推出的一本新书，内容是我感兴趣的，觉得自己应该看一看。

作为 Stack Overflow 的联合创始人，我对声誉系统还是略知一二的！出于好奇，我在自己的网站上搜了一下作者的名字。结果发现，他的声誉值极低。于是，我在

Twitter 上善意"嘲笑"他[①]。

不过，笑到最后的还是 Randy。他是名副其实的，因为我没料到，他在 rpg.stackexchange.com 上的声誉值高达 8 000 多。事实证明，Randy Farmer 已然是 Stack Exchange 的一位热心用户了。考虑到他的背景，你能猜到他在使用 Stack Exchange 时必定得心应手。Stack Exchange 的规则是复杂而严格的，需要一定的素养才能完全理解。从某种程度上来说，它有点像角色扮演游戏；只要你愿意，你真可以那么"玩"。

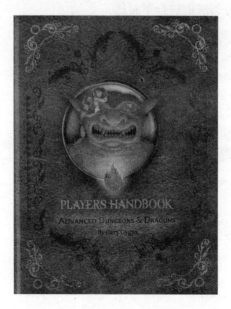

---

① Jeff Atwood 在 Twitter 上娱乐了一下，"取笑"极力拥护"声誉系统"的 Randy Farmer 在 Stack Overflow 上的声誉值却低得可怜。Randy 给出了友好的回应，出人意料地指出他其实在 Stack Exchange 上声誉值很高。——译者注

Randy 还是这样一位父亲：他把《Dungeons & Dragons》①首发版图书装在一个皮套里，作为传家宝留给了他的儿子。这是多么令人敬畏啊！

如果要问我们从 Habitat 诞生之后的 25 年里学到了什么，那就是：**在构造社会性软件时，人是所有问题的根源，但解决问题最终还得靠那些人**。你还在想（在地狱之城中）掌控在线社区，让人们在你的小宇宙的照耀之下前行吗？如果是这样，你将受炼狱②之苦，不如直接去读一下《Building Web Reputation Systems》，并在 Twitter 上关注 @FRandallFarmer。

为了一点缓带

大概是在去年，我家的信箱里总能收到由太平洋煤气与电力公司（Pacific Gas & Electric，我们加州的公共事业公司）寄来的能源评估报告。这份报告有两页，将我们家的能源使用情况与邻居们进行了对比。

下面是从最近的一份报告中做的相关摘录。

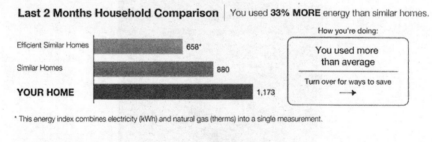

---

① 《Dungeons & Dragons》（龙与地下城）是一款梦幻般的角色扮演游戏，由 Gary Gygax 和 Dave Arneson 设计，于 1974 年发行了第一版。后来历经多次升级，到 2006 年，大概已经有两千万人玩过这个游戏，它也成为了最知名、最畅销的角色扮演游戏。——译者注

② 天主教徒认为，炼狱中关押的是已经确定将会得救的信徒。炼狱在天堂和地狱之间，灵魂净化后便可进入天堂。——译者注

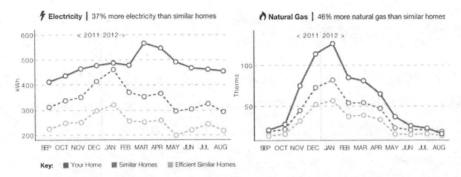

这些结果让我特别难堪，因为我方方面面都是向着"能源之星"的目标努力的。我在家里处处都用 LED 灯泡[①]。我们适当地设置了恒温器。但是，我们的结果还是如此糟糕。对于这么一份傻乎乎的说我们家比周围类似的家庭多用 33% 的能源的评估报告，我没啥特别的理由要去在乎它。然而，我必须赢得这场比赛……这个念头挥之不去！

- 安装了有自我学习功能的鸟巢牌第二代恒温器。

- 确保我们家里用得最多的灯泡都采用 LED。幸运的是，亚马逊上有一些相当漂亮的 LED 灯泡，价格是 16 美元，能耗是 9 瓦，但能起到 60 瓦的照明效果，而且没有太多早期 LED 灯泡的毛病（在颜色、亮度、大小、重量等方面）。

- 我甚至把冰箱和冷冻箱里的灯泡也换成了 LED。

- 换了一个小流量的淋浴器喷头。

- 换了一个高效的即热式电热水器（能率 NCC1991-SV）。

- 在给餐厅的大吊灯换 LED 灯泡时，我几乎要崩溃了，因为要换 18 个灯泡。我的双胞胎女儿倒是挺喜欢这盏吊灯的。事实证明，任何数字的 18 倍还是蛮大的——也得考虑一下购买 LED 灯泡的成本。

（实际上，我所做的大部分事情对于报告的结果帮助不大。更换鸟巢牌恒温器

---

① 由于 LED 采用冷发光技术，它的发热量比普通照明灯具要低很多。LED 灯能省电的主要原因是发光效率高，也就是将电能转化成光能的比例比较大。与传统光源相比，相同照明效果的 LED 灯要节能 80% 以上。——译者注

和给大吊灯换 LED 灯泡，这两项改变的作用尚未可知，因为时间还不够长，效果不足以显现出来。不过，我志在必得！）

我很惭愧，但又不得不承认：直到最近我才意识到，把一组度量数据在同伴面前展示出来，这种方法恰恰就是我们在 Stack Overflow 和 Stack Exchange 上做的事情。看一看我们的用户信息页面，注意到相似之处了吗？

原来是个"圈套"啊——我被引诱去了解并致力于减少家庭能源消耗。这事不仅有利于我，还有益于更大范围的社区；再说大一点，能造福整个世界。我在自己最擅长的游戏里被别人"玩"了——太平洋煤气与电力公司，你真行，真会玩啊！

这种同伴间的激励真的很管用——如果非要用一个词来概括，那就是"游戏化[①]"。因为它很有效，所以我们一直在这样做。但这些系统就跟枪炮一样：它们很强

---

① 参见作者的另一本书《高效能程序员的修炼》的第 10.3 节"游戏化"，人民邮电出版社（2013年）。——译者注

大，但如果你不知道自己在做什么，那它们也有点危险。你想激励什么？你为什么要激励它？它在你的系统里对所有即时行为的各方面影响是什么？如果你不对这些深思熟虑，三思而后行，你可能最终得到的是某种更加黑暗的东西。比原本还要黑暗得多！

我得到的最关键的经验是，我们的会员变得完完全全地着迷于那些数字。即使那些点数不能兑换任何东西，哪怕是金星奖章也不行，我们的会员对它们还是有着非常强烈的欲望。我们从中领悟到的是，其实我们没必要为会员提供任何形式的物质奖励，利用这种毫无价值的点数足矣。我们也不需要允许他们拿点数来做利益交易。对于大部分人来说，看着自己的点数噌噌地往上涨就已经是足够的奖励了。要是我们能够把那种痴迷引导到某种真正有价值的事情上，那该有多好啊！

自从离开 Stack Exchange 之后，我有段时间一直难以向别人解释：我做的那东西到底是什么？最后，我的解释是这样的：我所做的是、我最擅长的是、我最最热爱而且胜过世界上任何其他事情的是，**为喜欢互相写几段文字的人们设计大型多人游戏**。我把他们的痴迷（还有我自己的痴迷），引导到某种积极的事情上面；他们可以从中学习，还可以为整个世界创造一些可以重复利用的美妙作品——这依然是我所欲之事，因为我还保留有源源不断的痴迷。

为反社会人群构建社交软件

2011 年 11 月，我在 Øredev 大会（http://oredev.org）上做了主题演讲。这是我第二次（可能也是最后一次）讲 "Building Social Software for the Anti-Social"（为反社会人群构建社交软件[①]）。

我已经花了差不多 4 年的时间，来思考问与答（Q&A）的形式。这两次演讲

---

① 作者认为，程序员大都性格内向，不合群，表现出反社会的行为；他们也喜欢这样。——译者注

展示的是我在这方面的思想结晶。我提出了 10 个 "可怕的想法"。对于大部分人来说，它们都不那么直观。但这些都是我们用于构建 Stack Overflow 的基本元素；推广开来，我们还将它们用于 Server Fault、Super User 以及 Stack Exchange 上的其他网站。

1. 从根本上降低参与的门槛；

2. 信任（其中一些）用户；

3. 生活就是世界上最大型的多人在线角色扮演游戏（Massively Multiplayer Online Role-Playing Game，MMORPG）；

4. 总会有坏事发生；

5. 喜好胜过金钱；

6. 规则可以很有趣，并且具有社交性；

7. 所有的现代网站都按游戏方式设计；

8. 考虑周到的游戏设计促成可持续发展的社区；

9. 社区的观点不一定是对的；

10. 需要一定的调解。

在现场聆听演讲的效果肯定是最好的。当然，你也可以在网上浏览幻灯片，以了解我的这两次演讲的要点：

- http://www.slideshare.net/codinghorror/building-social-software-for-the-anti-social-final

- http://www.slideshare.net/codinghorror/oredev-2011-building-social-software-for-the-antisocial-part-ii

Øredev 大会的组织者还从 ImageThink 请了人来。在我演讲的过程中，他们把我演讲的内容当场在白板上画了出来。我一开始挺怀疑这种做法的，但事实上，白板演示的效果非常棒！下面就是 ImageThink 为我的演讲创作的白板作品。（他们来了两位画家——一位在舞台左边，一位在舞台右边——都是现场作画哦。）

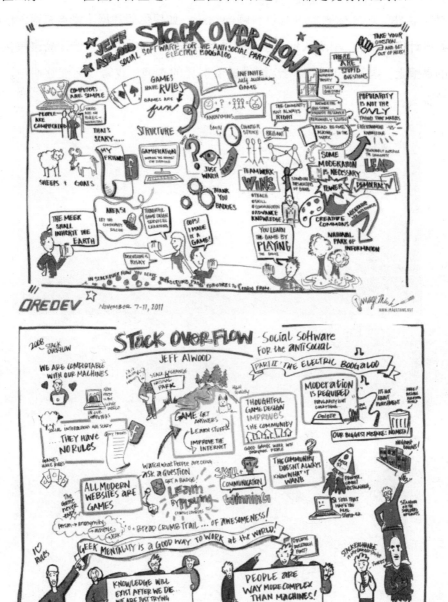

他们概括得还算不错啦！如果你对现场白板作画感到好奇，我强烈推荐你去 http://www.imagethink.net/的博客上看一看。

经过 4 年的努力，对于我们特有品牌的"低噪声、强信号"的 Stack Exchange

问答网络，我们已经相当清楚什么行得通，什么行不通。但"为反社会人群构建社交软件"这个标题多少有点自嘲的意味。**如果你想在网上学点东西，你必须好好设计你的软件，引导人们与生俱来的社会群体冲动，并使他们重新聚焦在有价值的事情上。**这就是我的那两次演讲试图解释的东西。我希望你能够明白，并从中受益！

第 6 章
Chapter 6

互联网的那些事儿

保存互联网，留住所有记忆

在 "Preserving Our Digital Pre-History"（保存我们的数字先史）一文中，我曾经提议让 Jason Scott 做我们这一代人中的数字历史学家。似乎有人同意我的建议，因为在 2011 年 3 月，Jason 正式成为了互联网档案馆①的一名档案保管员。

Jason 最近邀请我参观坐落于旧金山附近的互联网档案馆。单说这办公楼，简直太漂亮了！当你想象他们究竟把包罗万象、瞬息万变的互联网保存到哪里时，好吧，这座基督教科学派遗留下来的巨大教堂真是再合适不过了。

---

① 互联网档案馆（The Internet Archive）成立于 1996 年，是美国的一个非营利性组织，它定期收录并永久保存全球网站上可以抓取的信息，旨在建立一座全球数字藏书楼。——译者注

　　教堂里处处摆满了新旧不一的计算机设备，恰似一种宗教图腾[1]，在福音光环的庇护下，肩负着一个神圣的使命。

　　Jason Scott 管理着一堆看不见，摸不着，但又无处不在的线上资源。这里难道不像是我们膜拜服务器的地方吗？完全就是这样嘛！也许互联网档案馆的宗教背景很合适，因为我总认为它的使命——为互联网上曾经出现过的每一个网页创建一个当时的永久拷贝——是游离在不可能边缘的无畏之举。你需要有坚定的信仰，才会相信它的那点可能性。

　　面对互联网上无处不在的死链接，互联网档案馆可能是我们在困境中挣扎的唯一希望。回顾起我在 2007 年写的那些 Coding Horror 博客，我很惊讶地发现，文章中的很多链接在 5 年之间都已经失效了。我已经记不清自己到底用了多少次"Wayback Machine"[2]，去找回那些我曾经链接的、但已经永久下线的互联网页面。要不然，这些网页就真的这样永远消失了。

　　Stewart Brand 曾经这样评论道："互联网档案馆提供的是一个非常基本的服务，它的成立一定会被后人所喜爱和景仰，就像人们感激一个世纪以前 Andrew Carnegie[3]建立的公共图书馆一样……现如今，数字化信息（尤其在互联网上）变化

---

① 图腾（totem）是原始人群体的亲属、祖先、保护神的标志和象征，是人类历史上最早的一种文化现象。——译者注
② "Wayback Machine"是 http://archive.org 网站上的一个应用，意思为"时光倒流机器"，通过它可以找到曾经在互联网上出现过的网页。——译者注
③ Andrew Carnegie（安德鲁·卡内基）是美国的"钢铁大王"，与"汽车大王"福特、"石油大王"洛克菲勒等大财阀齐名。他在美国工业史上写下了难以磨灭的一页。他征服钢铁世界，成为美国最大的钢铁制造商，衣锦还乡，跃居世界首富。而在功成名就之后，他又将几乎全部的财富捐献给社会。他生前捐赠款额之巨大，足以与死后设立诺贝尔奖金的瑞典科学家、实业家诺贝尔相媲美，由此成为美国人心目中的英雄和个人奋斗的楷模。——译者注

得如此之快，以致于系统损耗已经在所难免。于是，人类文明正在患上严重的失忆症，甚至我们已经失忆到了无法正视这个问题的程度。互联网档案馆是康复治疗的开始——我们终于开始为人类社会建立起完整的、详细的、可以随时检索并获取的记忆库。不只是为学者，而是为所有人。"

如果没有互联网档案馆，互联网将失去记忆。作为这个世界最重要的备份专家，互联网档案馆对于整个世界、对于任何普通网民的重要性（他们需要通过一个以前的超链接找到原始内容），我再强调都不过分。你可能会觉得，不就是一个世上最大、最开放的硬盘嘛！但是，据我所知，这么重要的事情却没有其他人在做。

让我们也保存实物！

尽管我前面说得言之凿凿，对于如今的互联网档案馆来说，那还只是它使命的一小部分。我以前一直以为互联网档案馆只是把互联网上的信息保存起来，其实他们早就拓宽了工作范畴，也在同时收集由污浊、卑微的原子组成的实物——那些从未在互联网上出现过的东西。

互联网档案馆不只是在保存互联网。他们其实正在收藏着所有的一切。

- 开放图书馆（http://openlibrary.org）：一个网页列出了所有曾经出版过的图书。

- 现场音乐库（http://archive.org/details/etree）：曾经录制过的每一场音乐会。非商业用途是免费的。

- 实物图书库：所有曾经出版过的纸质图书。

- 动态影像库（http://archive.org/details/movies）：曾经录制过的免费电影或视频。

- 文字库（http://archive.org/details/texts）：已有 160 万册扫描出来的电子书，并且以每天新扫描 1 000 册的速度在增加。

所有这些事情，再加上频繁地对整个互联网拍快照（这事做起来很乏味），那要占用多少硬盘空间啊……在经过一间储藏室的时候，我瞥了一眼，看到了等候装配的 3 TB 硬盘堆积如山。

互联网档案馆现在已经是一个不小的组织了：位于旧金山的总部有 30 位员工，另外还有 200 位员工遍布在世界各地。肩负着如此崇高而艰巨的使命，他们势必尽心竭力，争取任何一点可能的援助。

互联网档案馆需要你的帮助！

互联网档案馆是一个非营利性组织。你当然可以通过 http://archive.org/donate 给它捐款。如果你所在的公司对于募捐一事比较慷慨，并且很关注互联网或者对人类知识库的自由访问，我强烈建议你们也给互联网档案馆捐款。我可以保证的是，Stack Exchange 每年都会捐。

其实不单单是钱的问题，互联网档案馆如今还想要你的"东西"。关于这一点，Jason 是这么解释的。

我在尽力获取有关计算机特性的非主流视频、杂志、与众不同的小册子和印刷品，甚至像科幻小说一样的东西——任何在大多数图书馆里通常找不到的东西都行，而且多多益善！于是，我便建立了计算机杂志库（http://archive.org/details/computermagazines），里面有数以万计的期刊。我非常希望能够获得更多。

我以前也曾提到过，我非常非常喜欢共享光碟。通过它们，我得到了自己想得到的数据和历史，这种方式是最实惠的。

　　如果你是一个有良心的极客，我猜你家里的某个地方一定藏着一堆古怪的东西。如果真是这样，何不把它们捐出来呢？往 jscott@archive.org 发一个邮件，说明一下你都有些什么。你若担心被拒，其实大可不必：

　　说实话，我们没什么不想要的。我不质疑。我奉行拿来主义。我很贪婪，也不挑食。来者不拒也！

　　互联网档案馆有着宏伟的目标，肩负着一个不可能完成的使命。它做的是史无前例的开源收藏，没有像谷歌、微软或其他嗅觉灵敏的商业公司的鼎力支持，而要靠一个非营利性的组织；他们想建立一座宏大的数字世界里的亚历山大图书馆[①]，来为后人保存历史遗产——这种对公益事业的热情是他们唯一的动力源泉。我想号召一下：让我们量力而行，尽可能多支持一下互联网档案馆的重要工作！

网络中立的重要性

　　尽管我是 Lawrence Lessig[②]的忠实粉丝，我还是羞于承认：直到上周，我才真正理解网络中立（Net Neutrality）的重要性。2006 年，Lessig 先生再次强调了"网络中立"。

　　争论的焦点是"网络中立"。这是一个最重要的公共秩序，但你可能从来都没听说过。它意味着，互联网上的所有内容都必须被平等对待，并且在网络中得以相同的速度传送。网络运营商不能歧视。互联网的这种"端到端"的设计，看似简单，其实极为高明，它为经济和社会注入了一股强大的力量：所有的智慧和控制都取决于制作人和用户，而不是把他们连接起来的网络。

---

①　亚历山大图书馆始建于托勒密一世（约公元前 367～前 283 年），盛于二、三世，是世界上最古老的图书馆之一。馆内收藏了贯穿公元前 400 至前 300 年时期的手稿，拥有最丰富的古籍收藏，曾经同亚历山大灯塔一样驰名于世。可惜的是，这座举世闻名的古代文化中心，却于 3 世纪末被战火全部吞没。——译者注

②　Lawrence Lessig（劳伦斯·莱斯格）是 Creative Commons（知识共享，简称 CC）的创始人和主席。CC 是一个非营利性组织，也是一种创作的授权方式，旨在增加创意作品的流通可及性，于 2001 年正式成立。——译者注

幸运的是，好人占据了上风。最近对"网络中立"的法律挑战均已败诉。至少它受到了美国法律的保护。记得当时我对那些法律裁决是有所耳闻的，但我没有太在意，因为我曾想它们也就是文件共享和 BT 流量那点事。我并非不屑一顾，但别人下载一个完整的《Firefly》视频的合法权益跟我有啥关系呢？

然而，"网络中立"远非文件共享带宽那点事。为了理解个中利害，研究一下从电报、无线电、电话、电视开始不断向前发展的世界通信网络的灰暗历史是很有必要的。如果没有这些背景知识，我们就不可能明白公用事业是多么容易被企业和政府以一些微妙的（有时候就是赤裸裸的）方式颠覆和破坏。他们不会顾及社会的长远利益，这是很可怕的！

这也是 Tim Wu[1]那本《The Master Switch: The Rise and Fall of Information Empires》（大转变：信息王国浮沉录）书里传达出来的精神。其中有一个最吸引人的故事是关于 Harry Tuttle 和 AT&T[2]的。

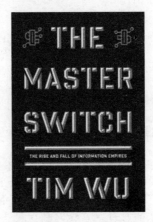

Harry Tuttle 在他的大半辈子时间里一直担任 Hush-a-Phone 公司的总裁。这是

---

[1]　Tim Wu 的中文名为吴修铭，毕业于哈佛大学法学院，现为哥伦比亚法学院教授，同时是谷歌公司手机部门的负责人。2005 年，他被《科学美国人》杂志评为 50 位科学和技术领袖之一。2007 年，他当选为哈佛 100 位最具影响力的毕业生之一。他曾是帮助奥巴马选举的亚裔之一。——译者注

[2]　AT&T（美国电话电报公司）成立于 1885 年，最初经营、扩展美国贝尔电话公司及其他小公司的长途业务（贝尔是在 1876 年发明电话的）。1899 年，AT&T 承担起美国贝尔的业务和资产，成为贝尔系统的母公司。自 1984 年以来，AT&T 备受美国政府反垄断政策的困扰。AT&T 公司占据美国市场已经 120 年，不仅创造了电信史上无数的奇迹，也经历了无数次的拆分，面临着许多困境。——译者注

一家电话消音器的制造商。除了 Tuttle 本人，Hush-a-Phone 公司还雇用了他的秘书。他们俩独自在纽约联合广场①附近的一间小办公室里工作。Hush-a-Phone 的拳头产品看起来像一把勺子，它正好能附在电话机听筒的拾音端，这样的话，别人就听不到打电话的人在说什么了（以防隔墙有耳）。这家公司的信笺抬头有这么一句信誓旦旦的标语："让你打电话像在电话亭里一样私密。"

即便 Hush-a-Phone 做的不是居家必需品，假设 Tuttle 干得也不错，那么到 1950 年他可能会卖掉 125 000 套产品。然而，在 20 世纪 40 年代后期的某一天，Harry Tuttle 听到了一则骇人听闻的消息：AT&T 发起了一项针对 Hush-a-Phone 和类似产品（比如 Jordaphone——现代免提听筒电话的先驱）的制裁，它们的制造商一一受到了警告。贝尔公司的修理工开始告诫用户，说 Hush-a-Phone 的使用违背了一条联邦税制，如果不立即停止，他们的电话服务会有被终止的风险。

AT&T 只是在信口雌黄吗？非也！这家公司仰仗的是一条特殊规则，它还被写入了他们与联邦政府签署的契约里，是这么说的：任何非电话公司提供的装置、器材、电路或设备，不管是物理连接、通过感应或者其他的方式，都不得附加或连接到电话公司的设施上。

Tuttle 雇用了律师，请求联邦通信委员会（Federal Communications Commission，简称 FCC）修改那条法规，并且对 AT&T 的威胁提出了诉讼。1950 年，FCC 决定在华盛顿特区召开一次庭审（很正式的公开听证会），以裁决 AT&T——一家受政府管辖的垄断企业——是否可以因为他们的用户在电话送话器上放置了一个塑料杯一样的东西而惩罚他们。

Hush-a-Phone 公司以及他们跟 AT&T 抗争的故事，给我们提供了一个窗口去看到处于鼎盛期的垄断者的心态，以及那时候的创新者为了一点点的创新需要面对的巨大挑战。

---

① 联合广场（Union Square）是纽约的一个重要广场。这里与中央公园不同。在中央公园，人们更多的是休闲与漫步；而在联合广场那里，聚集了很多艺术家，那里的人也更加特立独行，各色人等都有，充分展现了多元文化的魅力。——译者注

真够荒诞的！Harry Tuttle 碰巧也是（也许并不是巧合吧）电影《Brazil》[①]里的一个角色的名字。作为一个与集权政府系统抗争的叛逆者，他经常命悬一线，甚至连他身边的人也屡屡遭殃。

不过，Harry Tuttle 的故事并不只是对大型通信企业的垄断危害的一个警示。你可以猜一猜，在 Harry Tuttle 与电话霸主的悲情诉讼中，都有谁站在他那边？我可以告诉你，至少有这两个人：一个名叫 Leo Beranek 的声学教授，和另一个见证了所有这一切的名叫 J.C.R. Licklider 的专家。

如果你对这两个名字很陌生，那你应该了解一下。J.C.R. Licklider 后来提出了一个建议，组建了阿帕网[②]；Leo Beranek 是 BBN[③]（即 Bolt, Beranek and Newman）中间的那个"B"，他也协助了阿帕网的组建。换句话说，这两位绅士在 20 世纪 50 年代与电话垄断者在法庭上大战一场之后，转而在 1968 年设计出了一个旨在打败电话网络的新系统：互联网。

互联网跟先前的电信网络有着根本的不同。它是第一个贯通全国乃至全球

---

① 《Brazil》的中文片名译作《巴西》或《妙想天开》。这是一部带有黑色喜剧色彩的幻想作品，影片如同名著《1984》一样，营造出了一个荒诞不经但又令人不寒而栗的未来世界。——译者注

② 阿帕网（ARPANET）是美国国防部高级研究计划署于 1968 年开发的世界上第一个运营的封包交换网络，它也是全球互联网的始祖。ARPANET 是英文 Advanced Research Projects Agency Network 的缩写。——译者注

③ BBN 是一家美国高科技企业，主要提供研究和开发服务，因为阿帕网和互联网提供包交换技术而闻名。它也被称为在麻省理工学院和哈佛大学之后剑桥城排名第三的"大学"。——译者注

的通信网络，并且在设计之初就抵制了集中控制和垄断机制。然而，仅仅抵制是不够的；《The Master Switch》书里提出了一个引人注目的观点：纵观历史，所有通信网路一开始都是开放的，但随着商业化的不断推进，它们都会快速转向封闭。

正如我们当年迷上内燃机的好处，于是对化石燃料产生了巨大的需求（但这种燃料不可再生），我们对于智能手机、平板、笔记本电脑和其他设备的依赖同样让我们对带宽产生了需求——带宽是一种新的黑金（指"石油"）——这种需求是贪婪的。那么，让我们好好保护自己，防止某些别有用心的人主宰那些资源，因为我们离不开它们。如果我们不把握时机保护好信息时代所赋予我们的选择权，一旦它被某些人掠走而大发横财，我们将一筹莫展。其实，历史早已证明了这种可能性。

我们必须保持警醒，竭力保护公用事业的信念，以及互联网的"网络中立"。如果你放任自流，即使你钟爱的设备（比如 iPad、Kindle 或 Xbox）都能轻易地背叛你。

YouTube 上的版权保护

早在 2007 年的时候，我曾写过一篇名为"YouTube: The Big Copyright Lie"（YouTube：关于版权的弥天大谎）的文章，表达了我对 YouTube 又爱又恨的情感纠结。

现在回想一下你在 YouTube 上看过的所有视频。它们当中有多少包含原始内容？

那可能是"认知失调[①]"的极端情况：根据 YouTube 自己定下的规则——禁止传播受版权保护的内容——YouTube 根本无法生存。然而，YouTube 现在还活得好好的！

YouTube 网站上 90% 的内容都是有版权的，而且很显然在这些内容的使用上并没有得到授权——基于这个现实，我们该怎样去理解 YouTube 在版权保护方面的官方立场呢？看起来，YouTube 在奉行"不问，不说[②]"的宽容政策——他们不会费劲去检验用户上传的内容是原始内容或者是合理使用（Fair Use）。受版权保护的内容会一直留存在 YouTube 上，除非内容所有人投诉，到那时，也只有到那时候，那些内容才会从 YouTube 被删除。

今天我要讲的是，**请谨慎行事！**

在以前，我一直认为 YouTube 不可能通过技术手段来解决这个问题。若是将用户上传的每一个视频都抽取出某种指纹信息，然后再与所有的版权内容一一比对，这种做法在我看来是相当可笑的，简直是不可能完成的任务。

就在几天前，我往 YouTube 上传了电影《Better Off Dead》（再见人生）中的一小段视频，为的只是在"一路向前冲[③]"这篇博文中引用一下。这是典型的"合理使用"——从电影里摘录出来一小段，放在一篇博客文章中进行相关的论述。到目前为止，一切都还好。

随后，我又上传了另外一部电影中的一小段视频，打算在将来的一篇博文中使用。然而，在上传之后的一小时内，我收到了这样一封邮件，大致意思为：

亲爱的某某用户，

---

① 认知失调（Cognitive Dissonance）又名认知不和谐，指的是一个人的行为与自己先前一贯的对自我的认知（而且通常是正面的、积极的自我）产生分歧，从一个认知推断出另一个对立的认知时而产生的不舒适感、不愉快的情绪。——译者注
② "不问，不说"（Don't ask, don't tell）原本是美国针对在军队里服役的同性恋者的一项政策，该政策禁止在军队里区分或骚扰保持秘密关系的同性恋或双性恋的服役人员，从而把公开关系的同性恋者排除在军队之外，因为同性恋被认为会伤害军队的士气、纪律和凝聚力。这项政策于 2011 年被废止。——译者注
③ 这篇文章已经收入作者的另一本书《高效能程序员的修炼》的第 2 章，人民邮电出版社（2013年）。——译者注

您的某某视频可能含有某某公司所属的内容。

您无需采取任何措施。然而，如果您有兴趣了解这会对您的视频产生什么影响，请访问您的账号信息里的"内容标识匹配"部分。

谨上，

YouTube 团队

这段时长 90 秒钟的小视频摘自最近的一部电影。请注意，其实这也并不是什么很热门的电影，但也许你听说过它的名字。那封邮件让我心醉神迷，同时也带给我些许恐惧：他们是怎么做到的？那段视频是我（使用 Windows Movie Maker 软件）从一部小制作电影里随机裁剪出来的，他们竟然能在我上传后的一小时内发现了……他们必定有一套自动化系统，能够将用户上传的内容与所有版权内容（或者是最流行的一部分内容）作比对——这也正是我之前认为的"不可能完成的任务"。

哦，哦……我开始研究这事。我很快发现了"Fun with YouTube's Audio Content ID System"（有趣的 YouTube 音频内容标识系统）这篇文章。虽然它没有提到视频，但这事肯定是相关的。

有一天，我很意外地收到 YouTube 自动发来的一封邮件，声称我的视频有音乐版权问题，因此从网站上删除了。但我之前没有意识到会有这样的问题。

于是，我制作的那个汽车广告（做得相当不错哦）因为使用了一首未经授权的歌曲而被"拿下"了。真是气死我了！为了剔除那首歌，我得回过头去重新编辑视频，这可不是件容易事，因为源盘已经不知塞到哪个鞋盒里去了。编辑完之后，我还不能只是简单地重新上传，因为这个视频已经被标记过了，每次上传都会被"拿下"。我必须想办法摆平指纹识别系统。当时我很气愤，但又无计可施。

我挖空心思，尝试了每一种可能通过指纹识别系统的音频处理方法。我想出了一个几乎很科学的方法来测试每一次修改，最后总算搞定了。

我做了更进一步的研究，然后发现了这个简短的 TED 演讲[①]："How YouTube Thinks About Copyright"（YouTube 如何看待版权问题）。

我们将用户上传的每一个视频跟我们数据库里的所有参考文件进行对比。下面的热图展示了我们的核心系统是如何工作的。

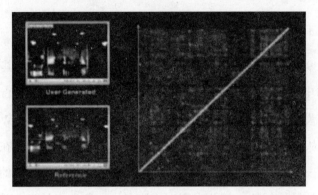

我们看到，一个参考文件正被用来与用户生成的内容进行比对。系统会把一个文件的每个时间点跟另一个文件比较，以发现两者之间存在的匹配。这也意味着，即使用户只是从原始文件里抽取了一部分，或者以慢动作播放，甚至损失了音频或视频的质量，我们照样能匹配出来。

这个系统的规模和执行速度是很惊人的——我们可不是只需处理几个视频，而是每天要处理大约 100 多年时长的新上传视频；除此之外，我们还会定期地对网站上留存的所有视频进行全面的扫描。在比较那些 100 年长度的视频时，我们实际上是在将它们与数据库里的几百万个参考文件做比较。就像每天有 36 000 个人紧紧盯着 36 000 个显示器一样，连喝杯咖啡的歇息时间都没有。

不得不承认，我被 YouTube 这套新的版权检测系统震惊了，它的范畴、规模以及效力都让我印象深刻——而这些，我以前认为是不可能做到的！我强烈建议大家看看上面提到的那个 TED 演讲。它并不长。我对 YouTube 的视频识别工具研究得越多，我就越觉得：**抵抗是徒劳的**。这个系统是如此之棒，以致于你如果想要通过它，唯一的办法就是大大地牺牲你的音视频内容的质量，但这样的话，你的内容

① 网址是：http://www.ted.com/talks/margaret_stewart_how_youtube_thinks_about_copyright.html。
——译者注

也就毁了。至于版权保护，如果你能准确地摧毁侵权内容，你也就胜利了。没什么讨价还价的，这是绝对的胜利！

这就是我至今都不敢相信的研究结果。但我上传的视频被自动禁掉这件事就是很好的证明。

声明一下，**我绝对不是建议大家突破或绕开版权保护**。我只是习惯了 YouTube 以前的"放任"政策，现在突然来了一个这么有效的视频版权检测系统，难免有些不适应。我须向做出这套系统的谷歌工程师们致敬！他们不是纯粹的捣蛋鬼；他们在发现有版权匹配的时候，也会提供下面一些相当体贴的应对方案。

如果在用户上传的内容和参考库里的资料之间发现有匹配，由版权所有人指定的"使用政策"就会生效。这个"使用政策"会告诉系统如何处置用户的视频。所谓"匹配"，可能只发生在用户所上传文件的音频部分，或者只是视频部分，或者两者兼有。

目前有 3 种"使用政策"，分别是"禁止"、"跟踪"和"货币化"。如果版权所有人指定了"禁止"政策，用户上传的视频在 YouTube 网站上就不会被别人看到。如果版权所有人指定了"跟踪"政策，用户上传的视频会出现在 YouTube 上，但版权所有人会收到关于这个视频的统计信息，比如这个视频被看了多少次。如果是"货币化"政策，用户上传的视频也会出现在 YouTube 上，只不过视频播放时会插入广告。这些政策是可以根据地理区域设定的，因此版权所有人可以控制某些内容在一个国家可见，而让其他国家的用户看不到。

至于我上传的那个视频，它的版权所有人恰好选择了苛刻的"禁止"政策。这当然不是谷歌的问题，只能说我的运气不好！

尽管我上传的那个时长 90 秒钟的视频是受版权保护的——我不想为此争辩——但**我的初衷绝不是为了促进非法使用，而只是想在一篇博客中就电影的某个场景加以"引用"**。YouTube 确实给用户提供了申诉渠道；一旦你的内容被认定是受版权保护的，提出申诉也是很容易的。因此我老老实实地填写了申诉表，说明我有理由相信自己是在"合理使用"。

Dispute Claim (Step 1 of 2)
All fields required.

User Name: **codinghorror1**
Video ID: **F5H18UzTycQ**

Select the reason for your dispute.

○ **1.** This video does not feature the third-party copyrighted material at issue. My video was misidentified as containing this material.

◉ **2.** This video uses copyrighted material in a manner that does not require approval of the copyright holder. It is a fair use under copyright law.

Please explain briefly: `90 sec excerpt to be used in editorial blog`

○ **3.** This video uses the copyrighted material at issue, but with the appropriate authorization from the copyright owner.

Please explain briefly: `_____`

Signature

`Jeff Atwood`

Type your full name to serve as your electronic signature

Statement of Good Faith

`I have a good faith belief that the material was disabled as a result of a mistake or misidentification, and that I am not intentionally abusing this dispute process.`

Type the following statement into the box above
I have a good faith belief that the material was disabled as a result of a mistake or misidentification, and that I am not intentionally abusing this dispute process.

[Cancel]　[Continue]

遗憾的是，我的申诉被版权所有人否决了，而且没有得到任何解释。

让我们回顾一下我在 2007 年的那篇博文中提出的关于"合理使用"的 4 条指导原则吧：

1．你的使用有变革性吗？

2．原始内容符合公众利益吗？

3．你抽取了多少内容？

4．对市场有什么影响？

尽管我们在第 3 点和第 4 点上没有问题，但在前两点上有些说不清。我做的事情肯定是有变革性的，因为我情愿认为，我是为了自己和别人的学识而写作的，并不只是娱乐大众。我上传视频的目的，是让它可以在我的博客网站上播放，而 YouTube 只是为我存储内容之用。然而，这段 90 秒钟的电影确实可以被 YouTube 上的任何人看到，但在那里没有任何上下文说明。

结果，我只能心碎了……

一方面，这是一个令人印象深刻的技术创举。YouTube 可以真正地对用户上传视频的每一分钟进行检验，把它跟所有主流的版权内容进行分分秒秒的比对。在我看来，这种做法是高深莫测的。当 YouTube 对版权所有人承诺这些措施时，我曾经认为他们只是在拖延时间……但是，从我的悲催遭遇来看，他们实际上兑现了承诺，而且还干得挺漂亮的！

　　也许，YouTube 做得有点过头了。我想要那种能够保护"合理使用"的视频分享服务；如今的我，依然在寻寻觅觅……

第 7 章
Chapter 7

游戏与编程

我的编程生涯始于 BASIC

关于 BASIC[①]，Edsger Dijkstra[②]曾经说过这么一段话："那些已经学过 BASIC 的学生是不可教化的，再去教他们优秀的编程风格注定徒劳无功。他们已经脑残，再生无望，成不了优秀的程序员。"

我敢肯定，他是为了达到一定的效果而夸大其辞。我非常欣赏他在 1972 年写的那篇论文："The Humble Programmer"（谦逊的程序员），但再怎么样我也不能同意"选错编程语言会损伤程序员的智商"这种谬论。尽管计算机编程语言在不断进化，在我看来，我们面临的最大障碍不是对语言的选择，而是这个现实：不同的程序员可以把 FORTRAN 程序写得千差万别。拿 Pogo 的话来说，"**我们遇到敌人了，他就是我们自己。**"

---

① BASIC 是 Beginner's All-purpose Symbolic Instruction Code 的缩写，意为"初学者的通用符号指令代码"，它是在 1964 年由美国的两位教授 Thomas 和 John G.Kemeny 在 FORTRAN 语言的基础上设计出来的计算机语言系统。这个简单、易学的程序设计语言当时只有 17 条语句、12 个函数和 3 个命令。——译者注

② Edsger Wybe Dijkstra（艾兹格·迪科斯彻）是荷兰计算机科学家，毕业并就职于荷兰 Leiden 大学，早年钻研物理及数学，后来转为计算机科学。曾在 1972 年获得过素有计算机科学界的诺贝尔奖之称的图灵奖，之后，他还获得过 1974 年 AFIPS Harry Goode Memorial Award、1989 年 ACM SIGCSE 计算机科学教育教学杰出贡献奖，以及 2002 年 ACM PODC 最具影响力论文奖。——译者注

贬斥 BASIC 确实能给自己带来高人一等的优越感。不过，就像很多有一定年纪的程序员一样，我是伴随着 BASIC 一起长大的。

我以前曾经提到过，早期的游戏机与编程之间的绝妙碰撞发生在 Atari 2600[①]这款 BASIC 编程盒上。我怎能错过这种亲自体验的机会呢？于是，我在 eBay 上买了一台。

———————————

① Atari（雅达利）是世界上第一家计算机游戏机公司，曾经创造了年销售额 20 亿美元的神话。——译者注

我还买了一套 Atari 2600 的键盘控制器。镶边是随盒子附送的，而两个控制器并在一起组成了一种原始的键盘。（如果你想知道我拿着网站上的广告收入都做了些什么，现在你知道了……很大一部分就用来购买这些乱七八糟的东西。）

出人意料的是，这台机器的使用说明在网上居然找不到，于是我自己扫描了一份。我把它放在这里：http://www.flickr.com/photos/25885309@N02/sets/72157604661612578。去看一下吧。很有意思的！有人还把这个使用说明抄录成了 HTML 格式，但缺少了照片和图表，读起来也便无趣许多。

我把 Atari 2600 模拟器里的 BASIC 程序只读存储器里的东西做了一份拷贝。然后依据机器的使用说明，编写了一个 BASIC 小程序。

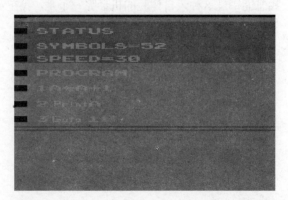

你会发现，关于在 Atari 2600 上进行 BASIC 编程，网上所有其他的截屏实际上都是空白的。这也许是因为我是唯一一个对 Atari 2600 如此痴迷的人，竟然会在

它上面尝试编程……这事看起来很痛苦，但谁知道呢，除非你亲自试一试这时髦的玩意儿。过程确实很糟糕！当我很泄气地扔开手中的键盘时，竟忍不住笑了起来。但必须承认，在完成了第一个"程序"之后，我内心深处还真有些小激动，因为我让机器屈从了我的意志。它让我自信满满！

　　我从 eBay 拿到的包裹里还包含几张手写的编程笔记。我猜，它们是 20 世纪 80 年代遗留下来的吧。

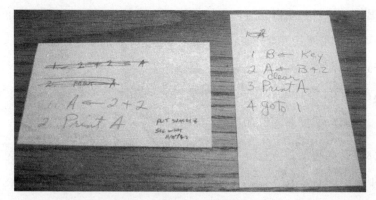

　　难道 BASIC 不就是这样吗？即使是这款笨拙的 Atari 2600 上的 BASIC，你也能从中发现一些基本的编程概念。难道不是吗？

　　当然，如果你真心喜欢计算机，你大可不必在这么不起眼的 Atari 2600 上编程。在家用计算机上玩游戏、编程序的体验要好得多！在相当长的一段时间里，市场上的所有家用计算机都预装有 BASIC。不管是第二代苹果机，还是 Commodore 64[①]或 Atari 800，机器启动后最先映入眼帘的总是 BASIC 提示符。BASIC 成为了编程爱好者的专用语言。

------

① Commodore（康懋达）是与苹果公司同时期的个人计算机公司，曾经创造过一系列奇迹。1994年，Commodore 停止生产并宣布破产。——译者注

甚至 IBM 的个人计算机也预装了 BASICA（即 Advanced BASIC），或者 GW-BASIC，并最终演变成了 QBasic（即 Quick BASIC）。直到微软推出 Windows 2000 之后，它们才永久地退出了历史舞台。

事实上，如果你想用那些古老的 8 位苹果机、Commodore 或 Atari 家用计算机做任何前沿的事情，就必须学会汇编语言。我不记得有任何编译型语言出现过，直到 IBM 个人电脑的诞生以及 DOS 时代的到来，Turbo Pascal 才粉墨登场。编译型语言是深奥的，一般人难以理解，也比较昂贵，直到 Turbo Pascal 以很低很低的价格（49.99 美元）才使其大众化。（顺便说一下，你可能注意到了，Anders Hejlsberg 是 Turbo Pascal 以及后来的 Delphi 的主要创作者。他现在是微软公司的技术专家，担任 C#语言的首席设计师。很多老资历的极客——比如我本人——都对.NET 抱有满腔热情，很大一部分原因就在这里。）

即使你没有高超的编程技能，无法成为下一个 David Crane 或 Will Wright，你仍然可以用古老的 BASIC 编写出很多有趣的游戏和程序。通过使用 BASIC，你能轻易知道自己是否喜爱编程，以及是不是程序员这块料。在我们看来，《Creative Computing》（创意计算）就像是程序世界里的圣经。

在很长很长的一段时间里，只要你对计算机真心感兴趣，你必然会用 BASIC 编写程序。它就像你呼吸的空气一样，你逃也逃不掉，也是不二选择。每当你把机器启动起来，那个命令行提示符总是眨巴眨巴地盯着你：为什么不敲一些 BASIC 命令，看看会发生什么呢？随之而来的是一种惊奇的感觉，一切皆有可能，你也便进入了广袤无垠的计算机世界！就这样，千千万万的程序员生涯从这里启程了！

BASIC 并不会使人脑残——Dijkstra 言过其实了！如果非得拿 BASIC 说事的话，它恰恰为众多的年轻程序员打开了眼界。BASIC 也许是最早的一种测试方法，用于鉴别你是一只会编程的"绵羊"，还是一只不会编程的"山羊"。当然，不是所有人都有完美的结局，但确实有一些人取得了卓越的成就。

不管我们现在是否还在用 BASIC 编写程序，**BASIC 的精神永存**！

想玩游戏就自己写

对于很多程序员来说，我们入这一行都是因为老爸"逼迫"所致——我们被要求："想玩游戏就自己写！"想起当年，我梦寐以求的是那款新式的 Atari 2600 游戏机，但父亲却给我买了一台德州仪器公司生产的 TI-99/4a 计算机。我未能如愿以偿。然而，那个重大的决定开启了我 30 年的职业生涯。

无独有偶，Mike Lee 也有类似的经历："我出生在 1976 年，跟苹果公司同年。当时，我父亲正是追逐"家酿运动①"早期成果的年龄。在童年记忆里，我依然记得他有一天带回来一台 Sinclair 2000 和一本游戏书。他在家里一坐就是几个小时，痴迷地为《Space Invaders》②游戏编写着代码，而在关机、结束他的所有工作之前，我们会一起玩上 30 分钟。"

还有 Shawn Oster，他曾经提到："我 8 岁开始开发软件，迄今已经 25 年了。我当时的启蒙书是《Your First BASIC Program》。父亲之所以给我买这本书，是因为我们家有一台 PC。而让我羡慕不已的是，我的朋友们都在第二代苹果机（Apple II）上玩着《Star Blazers》游戏。父亲却说，如果我想玩游戏，我可以自己写一个出来。在那时候，我还是有点失望的——好吧，其实我很伤心——但是现在……我

① 家酿计算机俱乐部（Home-brew Computer Club）是一个黑客组织。苹果公司的创始人之一史蒂夫·沃兹尼亚克（Steve Wozniak）是它的成员。1976 年，史蒂夫使用俱乐部内自由共享的信息，制作了第一台个人计算机，即第一代的苹果机（Apple I）。——译者注

② 《Space Invaders》译作《太空侵略者》，又名《小蜜蜂》，是一款历史悠久的经典射击游戏。玩家操作以 2D 点阵图构成的太空船，在充满外星侵略者的太空中进行一连串的抵抗任务。——译者注

必须感谢我的父亲！"

回忆起最早期的电脑游戏总能让人如此陶醉，原因就在这里。个人计算机行业是跟我们一起成长起来的。我们通过输入杂志和书本上的简单游戏代码来学习怎样编程。细细看来，你会发现那些古老的游戏程序是大部分程序员的起跑线，是驻留在我们所有人脑子里的永久记忆。

即使像《扫雷》这样的小游戏，如果追根溯源的话，我们也须回到靠穿孔卡片编程的年代。

《扫雷》的基因来自于 20 世纪 60～70 年代最早期的大型机游戏。维基百科上说，《扫雷》的祖先是 David Ahl 的《Cube》。但是，尽管《Cube》有 "地雷" 的概念，说它是《扫雷》的祖先也未免有些牵强。在《Cube》里，地雷是随机布设的，你只有在游戏结束的时候才能知道它们的确切位置。如果踩上地雷，你就死了；你在地雷阵里是逃不出去的，而且无法预判地雷的位置，只能碰运气。

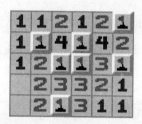

然而，早期确实有几个在网格上 "捉迷藏" 的游戏。比如说，Bob Albrecht 的《Hurkle》。你必须在 10×10 的格子上找出一个隐藏起来的动物。每猜一次，你都会被告知那只动物大概躲在什么方向。Dana Noftle 的《Depth Charge》也一样，只不过它是三维的。Bud Valenti 的《Mugwump》有多个隐藏的目标，每次猜过之后，你会得到分别达到它们的大致距离。跟《Cube》不一样，这些游戏与《扫雷》的模式更接近：以一次随机猜测开始游戏，然后根据第一次猜测后获得的信息继续寻找目标。当然，跟《扫雷》（或《Cube》）不同的是，它们没有 "爆炸" 的危险。游戏的唯一约束是，要在有限次数的猜测中把目标找出来。

其实，最接近于《扫雷》的祖先也许是 Gregory Yob 的《Hunt the Wumpus》。

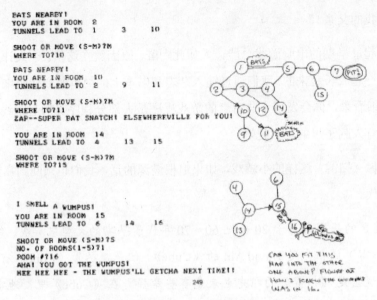

```
BATS NEAREY!
YOU ARE IN ROOM  2
TUNNELS LEAD TO  1      3      10

SHOOT OR MOVE (S-M)?M
WHERE TO?10

BATS NEARFY!
YOU ARE IN ROOM  10
TUNNELS LEAD TO  2      9      11

SHOOT OR MOVE (S-M)?M
WHERE TO?11
ZAP--SUPER BAT SNATCH! ELSEWHEREVILLE FOR YOU!

YOU ARE IN ROOM  14
TUNNELS LEAD TO  4      13      15

SHOOT OR MOVE (S-M)?M
WHERE TO?15


I SMELL A WUMPUS!
YOU ARE IN ROOM  15
TUNNELS LEAD TO  6      14      16

SHOOT OR MOVE (S-M)?S
NO. OF ROOMS(1-5)?1
ROOM #?16
AHA! YOU GOT THE WUMPUS!
HEE HEE HEE - THE WUMPUS'LL GETCHA NEXT TIME!!
```

尽管它使用的是一个稀奇古怪的格子(最初的版本用了一个十二面体的所有顶点构成的平面,后来用了莫比乌斯环,还有其他截然不同的图案),这只"怪兽"变异成了很多不同的形态。

至于《扫雷》与《Hunt the Wumpus》之间这种新发现的渊源关系,我个人是很好奇的,因为这只"怪兽"是我的精神寄托——我的车牌、T-恤衫、贴纸上都印着它。

其实,大部分早期的游戏并不那么好玩。分析游戏程序跟玩游戏差不多一样有

趣。对于我们这一辈的很多人来说，把程序输入计算机并把它弄懂就是一场游戏，而且趣味十足。这些游戏中有一些还进化了，繁衍至今，就比如《扫雷》——它对公众意识产生了如此深刻的影响，以致于它还成了一些滑稽剧的主题。尽管《扫雷》很简单（而且很流行），但它的游戏逻辑却并不简单。这是出人意料的！大家可以去维基百科上一看究竟……

现如今，《扫雷》游戏仍然很流行，也是程序员的最爱。甚至还有人写了一个外挂程序，叫 Automine；它是一个 Java 程序，可以自动读屏并操控鼠标来玩《扫雷》。

GameSetWatch.com 网站上有一个很棒的系列文章，名叫"Beyond Tetris"（从俄罗斯方块说开去），里面提到了很多经典的解谜游戏，并从游戏设计师和程序员的角度去分析各个游戏的特色；而《扫雷》也在被分析的游戏之列。我强烈推荐这篇文章！不过，在你沉醉其中之前，我得提醒你：如果你没有大量的空闲时间，你还是先别看了。**对于程序员来说，分析游戏跟玩游戏几乎是一样有趣的！**

游戏玩家到程序员的蜕变

Greg Costikyan 写了一篇散文，题为"Welcome Comrade!"（同志，欢迎你!），号召从事游戏开发的业余爱好者武装起来。

遥想当年，一个人单枪匹马几天时间就能开发出《毁灭战士[①]》这样的游戏。制作第 3 代的《毁灭战士》也不过用了几人周（man-weeks）。然而，游戏开发的成本在不断攀升。比如在 1992 年，制作一款电脑游戏通常需要花费 20 万美元；但现如今，仅仅买一个题材动辄就是千万美元。

---

① 毁灭战士（Doom）是 id Software 公司于 1993 年 10 月推出的一款射击游戏。作为 PC 史上最伟大的主视觉射击游戏之一，《毁灭战士》算是开创了游戏界的一个崭新历史。而这款游戏到了第 3 代之后，还被环球影视公司搬上了银幕，论人气以及火爆程度，都达到了顶点。——译者注

随着成本的飞涨，游戏发行方对于投资的态度越来越保守，因为没人愿意拿出1 000 万美元轻易就打水漂了。他们千方百计地想着降低风险。如今，他们已经变得不愿冒一丁点风险，除非是一个特许题材、或者基于某部电影授权的游戏、或者他们看准了很好卖的游戏类型，否则别想让他们掏钱！

如今这个年代，像《Myst》、《Civilization》或《Sim City》这样的游戏休想得到投资者的青睐。

同志们，如果我们不想办法破除套在我们身上的枷锁（Raph Koster 称为"摩尔墙"），我们将一直这样遭罪下去，永世不得翻身。

所幸的是，我们还有希望。像电影和音乐行业那样，我们也应该在游戏行业开展独立运动。通过发起能够自给自足的"独立游戏"运动，人们能以更低的成本和更小的风险试验一些古怪离奇的创意游戏——营造一个氛围，通过曝光鼓励大家玩游戏，通过生动的设计促进创新，通过多边交流让所有人乐在其中。

Greg 的"游戏宣言"网站（www.ManifestoGames.com）就致力于这样的目标，为支持业余开发者营造了一个理想的氛围。

在"Rise and Fall of Hobbyist Game Programmer"（游戏业余开发者之浮沉录）一文中，James Hague 同样叙述道：在过去的 30 年里，这个世界发生了深刻的变化，极大地影响了那些潜在的游戏开发者。

总有那么一小部分狂热者，他们一直在号召大家不要只是玩游戏，而应该去创建游戏。当然，这听起来有点疯狂，因为纵然玩一个出色的游戏会让人劲头十足，但这种激情跟埋头在地下室里花上 20 个小时试图搞明白为什么一个关卡初始化函数每 10 次调用总会失败一次还是不一样的。不过，有些人坚持了下来，那些人在早期阶段推动了游戏行业的发展。

我仍然记得 Mark Turmell[1]的事迹（还有其他一些人，只是我忘记了他们的名字）。不知道他们哪里来的动力，纷纷设计了自己的游戏，然后潜心研究把它们做

---

[1] Midway 公司在 1993 年推出了一款名为《NBA Jam》的篮球游戏，它的主要程序员和设计者就是 Mark Turmell。——译者注

出来，让朋友们一起玩。那些令人赞叹不已的壮举，也让人们开始津津乐道："电脑游戏是一种新的艺术形式"——一个人、一个愿景，6 个月之后便完工成为一款抢手的作品——一种纯粹的创作！那些想要成为小说家的人，其实不妨在游戏创作方面一试身手。

甚至到了盛行 32 位处理器和 3D 加速器的年代，人们仍然怀有这样的梦想。然而，经过了这么多年之后，现实已经悄然发生了改变，却很少有人驻足观望、留意到这些变化。

在 1981 年，个人电脑处于 8 位处理器的鼎盛期。受人追捧的 8 位的 6502——一款只有一个主寄存器，没有乘法指令的处理器——尽管其运行速度低于 2 兆赫兹，但它对于编写 BASIC 游戏仍然绰绰有余。不要误会我的意思。BASIC 是一门被滥用的语言（至今仍然如此），但它绑定在所有二代苹果机和 Atari 800 上，对于处于萌芽期的程序员来说，BASIC 是再自然不过的选择了。

这也许是 Visual Studio Express 应该随 Windows Vista 一起发布的另一个理由。或者就直接提供.NET 2.0 的命令行编译器，再配上 Notepad，这样也许更加可靠。至于游戏编程世界自那些早期年代以来到底发生了怎样的变化，我极力推荐大家读一读 James Hague 在 1997 年发布的一本电子书《Halcyon Days: Interviews with Classic Computer and Video Game Programmers》（美好年华：经典电脑和视频游戏程序员之访谈录）。

也许在移动计算领域，从游戏玩家转变为程序员的想象空间会更大一点。Lightworks 游戏公司就在做这样的事——怀揣梦想的两个人成立了一家公司，专为袖珍型计算机开发游戏。他们一开始做了《Cavemen》——《Lemmings》[①]的一个小型克隆版，非常可爱。

微软的 XNA Game Studio 也很有趣！它给业余爱好者开发运行在 Xbox 360 上的非商业游戏提供了一条途径。舆论认为，一些最好的非商业游戏最终能入驻 Xbox

---

① 《Lemmings》是在 1992 年出现的一款超级经典的 PC 游戏。游戏目的是，使用各种方法引导可爱的旅鼠们到达目的地。——译者注

Live 市场，那些游戏的业余开发者们还能因此成立小型公司，继续发展他们的业务。考虑到游戏机巨大的保有量，以及为一个标准的游戏平台开发软件的轻易程度，前景非常激动人心！

从游戏玩家一跃成为游戏开发者，这个梦想如今还现实吗？不管怎么说，我就是这么变成程序员的。

第 8 章
Chapter 8

阅读之美

不读书，谁之过

StackOverflow.com 的主旋律之一，就是软件开发者不再照着书本学习编程了。Joel Spolsky 曾经提到过："程序员似乎已经不再读书了。相比于程序员的从业人数，编程类图书市场小得简直不值一提。"

2004 年，Joel 发表了 "The Shlemiel Way[①] of Software"（软件开发中的愚蠢方法），他表达了类似的观点："大部分人都不阅读。也不写作。大部分开发者不喜欢阅读软件开发方面的图书，也不到网上去浏览相关的文章，他们甚至都不关心 Slashdot.org 上的新闻。"

如果当今的程序员已经不读书了，那么他们怎么来学习编程呢？莫非还是那种最原始的方式：撸起袖子来就写代码，与此同时，打开另外一个窗口窥探着网络资源。互联网已经把编程类图书边缘化了。在线获取编程相关信息的速度更快、更有效率、也更便捷。Doug McCune 写了一篇文章叫 "Why I Don't Read Books"（为什

---

① 这是一则笑话。Shlemiel 是一位油漆工，他找了一份在马路中间划虚线的工作。第一天，他拎着一罐油漆出去，一天下来总共划了 300 码。老板对他赞许有加："你真棒！干活真麻利！"老板给了他一个铜板作为薪水。第二天，Shlemiel 只划了 150 码。老板虽然有些失望，但一天划 150 码还算不错，所以仍然给了他一个铜板。第三天，Shlemiel 只划了 30 码。老板勃然大怒："怎么只有 30 码？！真是难以置信！你今天干的活只有第一天的十分之一。这到底是怎么回事？"Shlemiel 一脸委屈："我也没办法啊！每天我都离油漆罐越来越远……"——译者注

么我不读书），我相信他的感受相当有代表性。

公正地说，技术图书出版业应该为此承担主要的责任：

1. 大部分编程类图书都很差劲。据我所知，现如今出书已经不存在什么门槛了。在鱼龙混杂的图书市场找出一本好书，并不见得比在旷野的互联网上找到有用的信息会更容易。在每年出版的数百本编程类图书中，也许只有 2～3 本真正值得一读。

2. 编程类图书不是一书一价，而是论斤来卖的。编程类图书的厚度跟图书的质量似乎存在着一种反比关系。书越厚，它包含的有用信息就越少。这些"巨无霸"参考书究竟有什么用？书重得都快拿不起来了，你怎么还能用它来查阅？

3. 面向新手的编程类图书太急于求成。我并不是不欢迎新人进入编程领域。但我始终认为，像"24 小时学会××语言"这样的图书太急功近利了。所谓"欲速则不达"。这种只顾眼前以及求快、走捷径的做事方式，会让初学者误入歧途——我称之为"PHP"——我是开玩笑的！一笑了之！

4. 编程类图书有些像"色情文学"。有人认为，收藏厚厚的一堆看起来很重要的编程方面的图书，即便它们大部分摆在书柜里未曾翻阅，你或多或少也会变成一位更为优秀的程序员。David Poole 在写给我的一封邮件里提到，人们对这类"色情"书的态度是，"现实生活中我绝对不会那么做的。"这就不难理解我为什么会在 Donald E. Knuth 的《计算机程序设计艺术》面前犹豫再三，并最终没有把它收入囊中。尽量去买一些实用的书吧，确保你会去读它们，并且更为重要的是，你会把从书里学到的东西付诸实践。

作为一名作者，我很内疚！我曾经和别人合写了一本编程方面的书①，但我建议你不要买这本书（至今我仍然这么认为）。我这么说并不是为了哗众取宠，只是就事论事而已。当然，那绝对不是一本烂书。至于跟我一起合写那本书的其他作者，我对他们也保持着崇高的敬意。问题在于那本书涉及的内容，如果你从互联网上获

---

① Jeff Atwood 曾经与 Scott Allen、Wyatt Barnett、Jon Galloway、Phil Haack 等人合写了《The ASP.Net 2.0 Anthology: 101 Essential Tips, Tricks & Hacks》，于 2007 年 9 月出版。——译者注

取，会容易得多。相比之下，埋头苦读一本纸浆炮制出来的图书绝对是一种对生命的浪费！

互联网无疑正在加速编程类图书的死亡。但有证据表明，即使在互联网诞生之前，程序员也没有读太多编程方面的书。翻阅《代码大全》，当我看到下面这段文字时，着实大吃一惊：

你应该觉得庆幸，因为你在读这本书。你已经比软件行业里的大部分人懂得更多了，因为 DeMarco 和 Lister 早在 1999 年就指出，大部分程序员一年读不上一本书。读一点书对于职业生涯的发展大有裨益。即使你每两个月只读一本优秀的编程类图书（大概每周读 35 页），你也能很快把握住行业的脉动，并且让你鹤立鸡群。

我相信，上面这段文字在第一版的《代码大全》（1993 年发行）里也出现了，只是我没有那个版本，也无从验证。至于 Steve McConnell 提到的 DeMarco 和 Lister 的言论，我在他们的《人件》一书里找到了：

有一个关于读书的统计非常让人沮丧：比如说，每个软件开发者拥有的在他们专业方面的图书平均不到一本，他们读过的专业书也没有超过人均一本。对于任何关注软件行业健康发展的人来说，这个事实是非常令人震惊的！而对于像我们这些写书的人来说，这也绝对是一场悲剧！

当我看到有人在 reddit.com 上曲解 Stack Overflow 的使命，说我们让程序员抛弃图书，我感觉真的很受伤！面对当今的编程类图书市场，我其实很矛盾，但我还是要说，**我热爱编程方面的图书**！我曾专门写过一篇博客文章，为开发者推荐了一个读物清单①。本文可以说是那篇文章的延续。其实，在我写过的很多文章里，很多时候我都在尽自己的微薄之力，去解释一些经典的编程类图书里早已阐明的关键思想。

这爱与恨的纠结啊！我该如何去调和它们之间的矛盾呢？那些编程方面的图书，你爱或者不爱，它们都在那里……

---

① 参见作者的另一本书《高效能程序员的修炼》的附录，人民邮电出版社（2013 年）。——译者注

优秀的编程类图书经得起时间的腐蚀。它们超越了对编程语言、开发环境或平台的选择，是永不磨灭的。它们并不停留在告诉人们怎么去做，更解释了背后的原因。如果你不得不每 5 年清理一次书柜，相信我吧，你一定买了很多不该买的书。

我买过的书我都很珍爱。我书柜里的那些宝贝，你拿什么来换我都不愿意。我一直在翻阅它们。事实上，我在写这篇文章的时候就查阅过两次。

在这里，我不想展开讨论我给大家推荐的那个读物清单。很多年以来，我都没有修改过那个清单，为此我感到无比自豪！

然而，我真的很想振臂高呼：**有 5 本非常棒的编程方面的图书，每一位从业的程序员都应该拥有，并且认真阅读。**年复一年，不管我在做怎样的编程工作，这些精华图书都实实在在地给我带来了极大的帮助。它们值得反复阅读。每隔几年我就会回过头去重读，在两次阅读期间新积累的经验的作用之下，我每次都能在软件工程方面获得更为深入、更具穿透力的见识。如果你还没读过这些书，那还在等什么呢？

这 5 本书是：

1. 《代码大全（第二版）》

2. 《点石成金：访客至上的网页设计秘笈》（即《Don't Make Me Think》）

3. 《人件》

4.《程序员修炼之道：从小工到专家》

5.《软件工程的事实与谬误》

我非常想让 Stack Overflow 成为那些永不磨灭的经典图书的有力补充，但不管怎么说，也不管从哪个角度去看，那些书的价值是不可替代的！

但是，如果你碰巧是《Perl for Dummies》一书的作者，你可要小心了，因为我们肯定会向你"开火"的！

自助者，天助之

我对"自励①"（self-help）并不感冒！我不买励志书；我不看鼓吹生产效率的博客；我当然也没有订阅那些自诩为自励大师发布的简报。听别人泛泛而谈应该怎样怎样自我激励，我总觉得胸闷，还特别担心自己会误入歧途。

---

① 1859 年，三本书的出版震撼了全世界：斯迈尔斯的《自励》、达尔文的《物种起源》以及穆勒的《论自由》。《自励》是一部至今仍然激励人心的著作，也许不具有另外两部著作那样的学术或哲学深度，但它对自励流派及其关于个人责任的精神特质产生了重大影响。《自励》还被誉为"圣经第二"和"美国梦的灵魂"。——译者注

很显然，我不是唯一有这种看法的人。

我花了两年时间，读遍了我能找到的所有励志书。就在一年前，我已经读了340 本励志书。我觉得我疯了。当我读了所有那些书之后有什么结论呢？那就是，**95%的励志书完全是一堆狗屎！**

让我澄清一下，我完全赞成自我提高（self-improvement）。至于一些功成名就的人，读他们的书、博客、简报有助于探索你自己的成功之路。但是这些人——不管他们多么有名望、多么位高权重——他们帮不了你！有人给出下面的评论。

不幸的是，那不是他想要的答案。对他来说，告诉他没人可以帮他成功只会让他泄气。但对我而言，如果有人那么对我说，我反而会很受鼓舞。

我喜欢有人提醒我：没人会帮我，全得靠自己。这可以让我把注意力集中在我能控制的事情上，而不是等待外部力量的援助。

在此，我想借用一下 Ultimate Productivity 博客网站的口号：“你应该努力工作。”

别人给出的自励建议，不管它们有多么美好的意愿，阅读它们本身并不能代替你把自己的事情做好。越早明白这一点，你的处境会越好。

行动起来吧，去做一些你真正喜欢的事情，努力完善自己。不管你是一名作家、分析师、技术专家还是其他什么家，都应该学会热爱并勤练基本功，让每一次都做得比以前更好。久而久之，量变会引起质变，成功便是自然而然的事。但你必须有耐心。真的要很耐心！实践证明，“一夜成名”背后是多年的艰辛，甚至需要几十年的努力。这不是短跑冲刺，而是一场马拉松。好好计划一下吧！

拿我来说吧，我其实并不在乎是否有人会看我写的东西。我之所以写作，首先是满足我自己的需要，这是最重要的。如果其他人因为读了我的文章而受益，那自然很美妙——无心插柳柳成荫。但如果我踌躇于“谁会读我写的东西？”、“他们为什么读我写的东西？”或者“到底会有人读我写的东西吗？”这些问题，我就会感觉左右不是、无从下手。那将是非常糟糕的！

那并不是说反思你工作的本质没有意义。恰恰相反，我们需要反思。即使是前面我提到的那位厌倦于自励的学生，他也得出了结论：尚有 5%的励志书不致于太狗屎。他毫不犹豫推荐的一本书是：《59 秒——一门迅速改变生活的新科学》①。

尽管我对励志书有着强烈的抵触情绪，但考虑他的极力推荐，再加上我在 http://skeptics.StackExchange.com 网站上留意到的一些正面评价，最终我还是买了这本书。

为什么这本励志书很被叫好，而很多其他的同类书都遭人唾弃呢？简而言之，因为科学！作者煞费苦心，找来了真实的科学研究资料，以证明我们行为上的细微改变可以为我们自己以及周围的人带来更好的结果。很有说服力！书里充斥着伟大的见识，并且都有科学研究作为支撑，就像下面的这个例子。

---

① 《59 秒》一书的作者是理查德·怀斯曼（Richard Wiseman），他是英国著名的大众心理学教授，致力于以科学方法研究人们日常生活中看似无法用理性理解的行为。这本书为你揭晓：为什么偶尔让自己出个小丑，会使你变得更讨人喜欢？为什么面试时先摆出弱点，就很有可能说服别人给你一份工作？为什么在钱包里放婴儿的照片，钱包丢失后被送回来的几率高达35%？为什么通过手臂的轻轻触碰就可以吸引异性？为什么电子邮件可以明显降低你受骗的可能性？为什么用牙齿咬住一支铅笔就能让你感觉更快乐？为什么越表扬孩子越不努力，越禁止做的事情孩子越想做？为什么只要想象一下健身房就能让自己保持身材？……——译者注

一群参与者被要求分享自己的某个负面体验。其中一组人被要求与一位乐于助人的研究员长谈一件事，而另一组人被邀请去谈论一个更为枯燥得多的话题："典型的一天"。

那些谈论伤心事的参与者觉得倾述对他们会有帮助。然而，各种问卷调查却反映了一个出人意料的事实。实际上，谈话根本不会有显著效果。他们可能也只是在絮絮叨叨地诉说典型的一天。

在几次研究中，有过受伤经历的参与者被鼓励每天花几分钟，像写日记一样记录下他们心灵最深处的想法和感受。例如，在一次研究中，一些下岗的参与者被要求回顾他们对于失业最深层次的想法和感受，包括失业对他们个人生活以及职业发展的影响。尽管这种练习很简单，持续时间也很短，结果却表明了对他们的心理和身体健康都有显著的促进——健康问题减少了，自尊和幸福感都得到了提升。

那些研究结果带有一些神秘色彩，亟待心理学家的解读。为什么谈论一次受伤经历几乎没有效果，而把它写下来却会带来巨大的好处呢？从心理学的角度来说，"交谈"与"书写"是非常不一样的。交谈常常是松散的、杂乱无章的，甚至是混乱的。恰恰相反，书写能够创建一条故事主线和结构，这有助于人们理解已经发生的事，并且更快地找到解决方法。总之，交谈会增加困惑的感觉，而书写是一种更为系统化的、面向解决问题的方法。

因此，我们在现实世界里应该接受的建议是——这也是《59 秒》封套上的宣传语——面对伤心事，我们应该避免诉说，而要把它写下来。这不是因为自励大师这么说了我们才要这么做的，而是因为真实的研究数据让我们相信：**倾诉无用，书写才有益**。这个结论并不符合我们的直觉，因为我们在碰到麻烦时的第一反应是找人去倾诉。然而我也多次强调过，把问题用文字描述出来是非常有价值的。

《59 秒》这本书真是太棒了！实际上，它让我对我们新建的关于生产力的 Stack Exchange 问答网站（http://productivity.StackExchange.com）重新燃起了希望。我热切希望我们的网站建立在科学的基础之上，而不要像自励领域那样充斥着对名人的盲目崇拜。

请记住，没人会帮你！我们要相信科学。"自助者，天助之。"如果你愿意每天都踏踏实实地付出必要的努力，你就一定能够实现自我！

计算机犯罪的历史与现状

喜鹊来，妈妈说这是喜鸟，是客；燕子来，妈妈说这是益鸟，是客；乌鸦来，孩子问，你也是客人吗？乌鸦叫：Yes，吾乃黑客！

我写过一篇文章"I Was a Teenage Hacker"（我 10 几岁时曾是一名黑客），描述了我在 20 世纪 80 年代后期使用计算机做过的一些非法之事。我那时犯罪了吗？我真的是一名罪犯吗？我不这么认为。说白了，我那时还没有聪明到足以对社会构成威胁的程度。即便是现在，我也没达到那种水平。

不过，确实有两本经典图书描述了活跃在 20 世纪 80 年代的黑客们，而这些人也的确聪明绝顶。他们的聪明才智让他们变得很危险，足以构成犯罪威胁。这两本书中，一本是《The Cuckoo's Egg: Tracking a Spy Through the Maze of Computer Espionage》，另一本是《Ghost in the Wires: My Adventures as the World's Most Wanted Hacker》。

 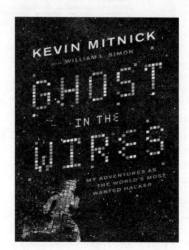

Cuckoo（布谷鸟）[①]是大约发生在 1986 年的一次恶意犯罪，它很可能是黑客攻击第一案，而且肯定是通过计算机黑客攻击从事国际间谍活动的首例知名案件。这本书在 1989 年最初出版的时候我就读过了，如今读起来，它仍然是一本扣人心弦的侦探故事书。Cliff Stoll 是一位富有远见的作家，他很早就认识到：对于真正厉害的罪犯来说，计算机和新兴互联网世界里的信任关系是很容易被攻破的！

对于 Kevin Mitnick[②]的所作所为，我不确信是否都是非法的。但不容置疑的是，他在当时绝对是世界上最高水平的计算机罪犯。

---

① 布谷鸟又名杜鹃，体形大小与鸽子相仿，多数居住在热带和温带地区的树林中，叫声特点是四声一度——"布谷布谷，布谷布谷"——所以俗称布谷鸟。大约有 35%的布谷鸟以寄生的方式养育幼鸟，它们自己不会做窝，也不孵卵，平均每年产蛋 2～10 个，却把产的蛋放在画眉、苇莺的巢窝里，让这些鸟替自己精心孵化。——译者注

② Kevin Mitnick（凯文·米特尼克），1963 年出生于美国洛杉矶，被称为世界上"头号计算机黑客"。他入侵过北美空中防护指挥系统、太平洋电话公司的通信网络系统、联邦调查局的网络系统，以及多家世界知名高科技公司的计算机系统，也许他的技术并不是黑客中最好的，但是其黑客经历的传奇性足以让全世界为之震惊。凯文于 1995 年 2 月被捕入狱，2000 年 1 月 21 日假释出狱。之后他开始写书，著作有《欺骗的艺术》（The Art of Deception）和《入侵的艺术》（The Art of Intrusion）。凯文如今已是一名专业的网络安全咨询师。他还依然年轻，他的故事还远远没有结束……——译者注

到 1994 年，他已经成为 FBI（美国联邦调查局）通缉的 10 大要犯之一。《纽约时报》还曾头版头条刊登过对他的追捕令。如果要问计算机犯罪和黑客攻击是何时进入公众视野、并且从此阴魂不散的，应该就是从那时开始的吧。

Kevin Mitnick 在《Ghost in the Wires》这本书里非常详细地讲述了他自己的故事。在一些科技类连环漫画中，你也可以看到关于 Kevin 的故事，只不过多了些艺术加工。我建议你还是去读一读 Kevin 的原著，毕竟那是来自当事人的第一手资料。我对这本书可谓爱不释手！早在好多年以前，Kevin 就已经彻底改过自新了。他写了好几本书，记录下了他的黑客技术。他现在还做起了咨询顾问，帮助更多公司提高他们的计算机安全性。

这两本书记录了我们所知道的所有计算机犯罪的起源。当然，跟 1985 年比起来，我们现在面临的问题要大得多，哪怕只是因为如今有多得多的计算机，计算机之间的互联程度要高得多，这些情况已经远非那个旧时代的人们能够想象到的了。然而，真正让人吃惊的是：**自从 1985 年以来，计算机犯罪的技术却几乎没有什么改变。**

关于现代计算机犯罪——所谓"现代"，我指的是 2000 年以后——最好的介绍性书籍当属《Kingpin: How One Hacker Took Over the Billion-Dollar Cybercrime Underground》。现代计算机犯罪更像是你在黑白电影里看到的那种经典犯罪——主要就是窃取一大笔钱。只不过如今已经不再像《邦妮和克莱德①》里描述的那样暴力抢银行了，现在有了电子的方式，主要通过 ATM 机和信用卡来实施犯罪。

---

① 　《邦妮和克莱德》又名《雌雄大盗》，它无疑是亡命者公路电影的经典之作。这部电影根据真人真事改编而成。Bonnie Parker 和 Clyde Barrow 是美国历史上著名的一对雌雄大盗，在 20 世纪 30 年代横行得州，持枪抢劫银行，最后被警方击毙，是轰动一时的社会新闻。——译者注

《Kingpin》同样是一本引人注目的书，作者是 Kevin Poulsen[①]——又一位很有名的、而且已经洗心革面的黑客。故事中的主人公在 2002 年出狱之后写了这本书，至今我已经读过两遍了。我发现书中的下面这段文字最具启发意义。

Max 以前在硅谷的一个客户想要资助他，给了他一份 5 000 美元的工作合同，任务是为客户公司的计算机网络做渗透测试。这个公司很赏识 Max，他们其实并不指望他能有所突破。但 Max 却不这么想，他很认真！Max 对公司的防火墙连续攻击了几个月，期望通过一次快速胜利来让自己蜕变成"白帽黑客[②]"。但他惊奇地发现，这事没那么简单。因为公司提升了安全防御水平，他以前熟悉的攻击点都无效了。他始终无法突破客户的网络。面对这仅有的一个客户，他百战百胜的骄人纪录受到了挑战……

Max 越是发力，越觉得自己无助而失落。最后，他尝试了新的方法。与其在固若金汤的服务器上寻找突破口，不如把目标转向内部雇员。

这种"客户端"的攻击正是如今大部分人司空见惯的黑客攻击——一封垃圾邮件进入你的信箱，邮件里有一个貌似贺卡或趣图的链接；如果你点击它，并且忽略相关的警告信息，那么一个可执行的（恶意）程序就会被悄悄下载……

说得太对了！当今的黑客没人愿意采取正面进攻的方式。那样做胜算实在太小！恰恰相反，他们大都采用迂回战术，瞄准了所有公司的软肋——那就是公司内部的用户。《Kingpin》里提到的 Max 甚至自诩道，"我自始至终都对我 100% 的成功率很有信心！"这是一种新形式的黑客攻击。真的是这样吗？

《Ghost in the Wires》给我们揭示了很多惊人的内幕，但最惊人的不是 Kevin Mitnick 作为一名计算机黑客技术有多么厉害（尽管他的技术确实很棒），而是他**通**

---

① Kevin Poulsen（凯文·普尔森）与 Kevin Mitnick、Adrian Lamo、Jonathan James、Robert Tappan Morrisgeek 并称为"世界五大黑客"。他们都曾经从个人喜好出发，攻击过众多国际性大公司或组织。——译者注

② 黑客并非都是黑的。那些用自己的黑客技术来做好事的黑客们叫"白帽黑客"。他们测试网络和系统的性能，来判定它们能够承受入侵的强弱程度。世界上的五大白帽黑客包括 Stephen Woziak、Tim Berners-Lee、Linus Torvalds、Richard Stallman 和 Tsutomu Shimomura。——译者注

过随意交谈的方式从别人那里挖出关键信息是多么有效、极具破坏性。他有几百种微妙、聪明的方法，使得他屡屡得手。无论是在 1985 年还是 2005 年，当使用计算机的那些人懵懂无知地点击"跳舞兔"的时候，不管你的计算机系统达到了多高的军事安全级别都是无济于事的。"社会工程"（Social Engineering）是有史以来最可靠的、很有生命力的黑客技术。它会比我们所有人都活得长！

如果要找一个 2012 年的例子，那就看看 Mat Honan 的故事吧。它绝对不是个案！（同样的故事肯定还会发生在其他人身上……）

在下午 4 点 50 分，有人登录了我的 iCloud 账号，然后修改了我的密码，因为我收到了一个关于密码重置的确认消息。我的密码由 7 个字母和数字混合组成，而且我在其他地方从没使用过这个密码。我在很多年前设置这个密码的时候，这个密码在当时算得上是相当安全的。但在使用了这么多年之后，它现在已经不再安全了。我猜他们使用了"蛮力攻击"获得了我的密码，然后又修改了我的密码，以达到损害我的设备的目的。

我最早是在 Twitter 上看到这个故事的。最初的反应是怀疑，因为我不认为有谁会大动干戈地使用"蛮力攻击"，而"蛮力攻击"是为傻瓜准备的。（参见作者的另外一篇文章"Brute Force Key Attacks Are for Dummies"）。猜猜看，到底是怎么回事？来吧，猜一猜！

你有没有碰巧想到"社会工程"——一种恢复用户账号的流程？你猜中了！

当黑客无意中发现了我的 Twitter 账号之后，他便悄悄地开始研究起来。我的 Twitter 账号连接了我的个人网站，在那里他发现了我的 Gmail 地址。Phobia 猜测这也是我为 Twitter 使用的 email 地址，于是他转向了谷歌的账号恢复页面。他其实并没有尝试恢复账号。这只是一次侦查任务。

因为我并没有打开谷歌的双重认证功能，当 Phobia 输入我的 Gmail 地址之后，他可以看到我为账号恢复而设置的另一个 email 地址。尽管谷歌把那部分信息做了模糊化处理，把很多字符都显示成了"*"，比如 m****n@me.com，但黑客还是得到了足够的信息。他中了头奖！

既然他已经知道了我的 email 地址，他只需再知道我的账单地址和信用卡的最后 4 位数字，就能让苹果公司的技术支持人员给他重新发送一个账号密码。

那么，他是怎么获得那些关键信息的呢？其实很简单，他根据我个人网站的域名做了一次"主人是谁"的搜索，轻轻松松就获知了我的通讯地址。如果被攻击对象没有域名，黑客也可以到 Spokeo、WhitePages 和 PeopleSmart 上去查找他的信息。

获取信用卡号码就需要费一些周折了，但它同样利用了公司的后端支持系统……首先，你打电话给亚马逊，告诉他们你是某个账户的主人，你想给那个账号追加一张信用卡。你需要提供的信息仅仅是账号的名字、关联的 email 地址和账单地址。然后，亚马逊会允许你输入一张新的信用卡。（Wired 网站[①]就使用假的信用卡号码，这些号码由某个网站产生，并且完全遵从行业内公认的信用卡有效性自检算法。）然后，你就可以挂电话了。

接下来，你再打回去，告诉亚马逊你忘记了账号的登录密码。只要你提供名字、账单地址以及你在前一次电话里给他们的新信用卡号码，亚马逊就会允许你为你的账号追加一个新的 email 地址。然后，你可以去亚马逊的网站，把重置过的密码发送到新的 email 地址。这样你就能看到这个账号关联过的所有信用卡，尽管不是完整的号码，而只是最后 4 位数字。但是，据我们所知，苹果公司只要求那最后 4 位数字。

Mat Honan 文中提到的 Phobia 只是一个未成年人，他做这事只是为了好玩。他的一位朋友是一名 15 岁的黑客，他曾经盗用了一个叫"Cosmo"的账号，也正是他发现了上述通过亚马逊获取信用卡信息的方法。这年头，10 几岁的黑客到底都是些什么人啊？！

Xbox 游戏玩家相互之间是通过他们的玩家标签认识的。在年轻的玩家中间，拥有一个简单如"Fred"的标签显得酷很多 —— 没人喜欢"Fred1988Ohio"。在微软加强安全措施之前，在 Windows Live 上获得一个重置过的密码仅需提供账号名

---

① www.wired.com 是一个美国科技新闻网站，专注于发布关于技术的热点事件、新闻评论和对技术的未来展望，以及技术在社会各个方面的应用。——译者注

字以及关联信用卡的最后 4 位数字和过期日期。（通过这种方式，玩家可以抢劫一个很酷的标签。）Derek 发现，拥有 "Cosmo" 玩家标签的那个人在 Netflix 上也有一个同样的账号。Derek 最终变成了 Cosmo……

"我给 Netflix 打了电话。这太容易办到了！" Derek 沾沾自喜地说，"他们问，'你叫什么名字？' 我说，'我叫 Todd（瞎编的）。'" Derek 还把自己的 email 地址给了他们，然后他们说，"好了，你的密码是 12345。" 然后就可以成功登录了。Derek 看到了信用卡的最后 4 位数字。于是他来到 Windows Live 密码重置页面，输入信用卡主人的姓名、最后 4 位数字和过期日期——轻松搞定！

这种方法至今仍然有效。Wired 有人打电话给 Netflix，仅仅被要求提供了账号的名字和 email 地址，他们就说出了同样的重置后的密码。

所用的方法惊人地相似！Cosmo 和 Kevin Mitnick 之间的唯一区别，只是他们出生在不同的年代。如今的计算机犯罪已经大不一样了，但所用的技术和方法却和 20 世纪 80 年代那时候的几乎一模一样。如果你想从事计算机犯罪，你不必浪费时间去学习 "忍者①" 级别的黑客技术，**因为计算机不是容易被攻破的薄弱点，人才是！**

如何与人交流

"每个家庭都应该生一个孩子吗？" 我不太愿意这样建议，因为当不当父母完全是个人选择。我一直尽量避免鼓吹为人父母的经验，但我越深入这个角色，我便越相信：**没什么比拥有一个小孩更能折射出成人世界里源源不断的荒唐！**

成为父母之后，你会意识到的第一件事是，"谢天谢地，我还活着——这真是一个奇迹！" 因为眼前的这个小孩真是烦人透顶，我简直想杀了他，而且我每天至少有三次这样的念头。但是，当你的孩子自然地拥抱你的时候，或者给你讲了一个

---

① 忍者既是武士又是刺客，接受日本忍术的训练（即秘密行动的技术）。忍者像日本武士道和日本武士一样，遵循一套自己引以为荣的专门规范（忍术），与大众的想法相反的是，忍者专门从事间谍活动而不是暗杀。——译者注

无聊笑话但他们却笑个不停的时候，或者横穿马路时他们紧抓着你的手的时候……哇，我们会一下子好欣慰！难道不是吗？于是，我想知道的是，我是否还有能力像爱我的孩子一样去爱别人（包括我自己）。这种爱是无条件的、没有理由的，甚至是荒唐的。简单来说，那就是人性。

现在看来，为人父母是我做过的最艰难的工作。相比之下，我那所谓的"事业"看起来非常稀奇古怪。

在当父亲的过程中，最让我激动不已的是我最终和孩子建立起了有效的沟通方式。当"水坝"决堤的时候，他们在两岁前印记在小脑袋里的所有那些疯狂的东西就会像脱缰的野马一样奔出来，再像瀑布一样一泻千里。需要搞明白他们在想什么，以及他们最终会成为什么样的人。他们在不断地发现，开始探索语言的奥秘，而在一旁观察他们的这个过程就能让人非常沉醉。在花了两年时间去猜他们的所需所想之后（猜对是极其不易的），我开始可以直接问他们。没什么比这更美妙的了！语言真是人类有史以来最伟大的发明！我太爱它了，从此再也离不开它！

语言使得孩子们可以把内心各种微妙的本能冲动表达出来（这对我们大人同样适用）。小孩不知道什么是愤怒，什么是开心，什么是伤心。我们必须教会他们什么是情绪，如何处理它们，以及怎样以一种积极的方式去应对这个世界抛给他们的一切。在这个过程中，我们要近距离观察他们，并给他们当教练和精神导师，而不是袖手旁观。除了我们教会他们的一些应对方法之外，他们是很无助的。**一个弱不禁风的孩子与一个自信满满、勇于探索未知世界的孩子之间的差别来自于哪里呢？父母！**

　　瞧，我告诉过你吧，这事做起来很艰难。

　　当然，关于为人父母和育儿方面的图书数不胜数。但它们中的大部分我都没读过，因为在每天做完父亲该做的事之后，我已经累得精疲力尽了，哪里还有时间看书呀！况且，当你每周 7 天、每天 24 小时都在尽心尽力做着父母，你真的还需要通过读书来学会为人父母吗？不过，Parenting.StackExchange.com 网站还是值得关注的。一次偶然的机会，让我发现了一本很特别的书，即使你只翻上 10 页也会发现它非常非常有用。如果你需要照顾从 2 岁到 99 岁的"孩子"，请你马上放下手头的事情，去买一本《如何说 孩子才会听 怎么听 孩子才肯说》。

这书我家已经有了 3 本。你也赶紧行动起来吧！

那么，这本书到底有什么好的呢？其实，我最初是从 A.J.Jacobs 那里知道有这本书的。如果你读过我的另一篇文章 "Trust Me, I'm Lying"（相信我，我在说谎），你就会知道他。下面是他对这本书的介绍。

我读过的最棒的婚姻指导书当属《如何说 孩子才会听 怎么听 孩子才肯说》（我买的是平装本）。单单从书名上看，你很难想象它是一本指导婚姻生活的图书。但这本书里介绍的方法真的太精妙了，以致于不管跟什么年龄段的人交往，我都一直在运用这些方法。书中的策略至今仍然很有效！

这本书的两位作者以前是在纽约工作的教师，他们提出的观点是，我们跟孩子的交流方式完全不对。你不能跟孩子争论，也不应该不顾及孩子的委屈。他们推荐的一个 "魔法" 是：倾听，复述他们所说的话，指明他们的情绪。然后，孩子们会自己找到解决方法。

我首先在 Jasper 身上尝试了这个方法。他的兄弟们抢占了 Mouse Trap 桌游零件，他因此大发脾气。我耐心地听他抱怨，重复他说的话，然后看着他从声嘶力竭到奇迹般地平静下来。太神奇了！我不禁要问，为什么这种方法只能用在孩子身上？我第一次在大人身上尝试，是有天早上在一家熟食店的时候，有个人想用他的手机打一个电话，但始终打不出去，而当时我正站在他的身后。

"拜托！这里没信号？真是该死，这里可是纽约啊！"

他回头看着我。

"没信号？" 我说道，"这里是纽约？"（重复他说的话。）

"我们又不在该死的威斯康星①。"

"噢……"（倾听。附和着他。）

---

① 威斯康星州（Wisconsin），美国中西部一州。北部是苏必利尔高地，南部是平原。有 1 万多个湖泊。第四纪时全境除西南部外均遭冰川覆盖，故多数为冰蚀湖。森林覆盖率为 45%，主要分布在北部。——译者注

"这里不是农村。这里是纽约。天哪!"他说。

"那的确很气人!"我说。(指明他的情绪。)

然后,他冷静下来了。

这本书让我意识到,我以前对待孩子的方式是完全错误的。其实,生活中有很多事我都做得不对,而在一开始却浑然不知。我原本以为,作为父母,奋不顾身地保护孩子、帮他们解决问题是我们的责任。但是,看一看这本书给出的例子吧。

逻辑上的解释

当孩子想要一样我们没有的东西时，父母往往给孩子解释为什么没有。但结果往往是，我们越解释，孩子越不听。

用幻想的方式实现愿望

有时候，孩子对某种东西的渴望心情一旦得到了理解，他们就能比较容易接受现实。

请注意，那个母亲聪明地让孩子自己找到了解决方法，而不是以"无所不知"的大人自居、毫不费劲地为他提供一种解决方法。坦率地说，我以前从来没有那么聪明地处理过类似的事情，因为按照一般人的简单逻辑，脆饼没有了就是没有了！

左边两幅是反例。右边两幅是更恰当的做法。其实，孩子们愿意听到父母的真实想法。通过表达自己的感受，我们会变得更诚恳，同时也不会伤害别人。注意：父母只描述自己的感受才会有效。我们可以用"我"或"我觉得……"这样的词语。

现如今，只要有可能，我总会学着平心静气地叙述事情的原委或形势，而不是草率地做出判断或发号施令。我会向孩子们解释他们的行为可能造成的后果，而不是不耐烦地直接呵斥他们"不许那样做"。

《如何说 孩子才会听 怎么听 孩子才肯说》全面揭示了人际交往方面的很多很多玄机。我很惊讶地发现，以前自以为完全正确的行为，其结果往往事与愿违。事实证明，并不只是小孩无法处理好他们的情绪，其实大人也有沟通上的问题。在我采纳了这本书给出的建议之后，我不仅改善了自己与孩子们之间的关系，更是提高了自己与其他所有人的沟通能力——不管沟通对象只有 2 岁，还是已经 99 岁。

如果敞开心扉，你会从孩子身上学到很多东西。他们会让你认识到，把孩子生下来并不难，任何人在一天之内都能办到，但如何让他们有能力从容面对这纷繁复杂的社会呢？恐怕在你的有生之年，都得为之而努力！

勤练基本功

在研究经典的计算机科学谜题时，Scott Stanfield（他是我们的 CEO）给我推荐了 A.K. Dewdney 写的一本书：《The New Turing Omnibus: 66 Excursions in Computer Science》。

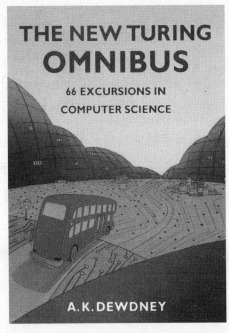

这本书非常有趣！里面当然有汉诺塔，除此之外，还有更多有意思的东西。

这本书的目标受众是计算机科学专业的学生和受过良好教育的非专业人士。但这本书怎么会这么吸引人呢？答案就在于它收录的各种主题，及其千奇百怪的解决思路。有些题目一看就知道是很简单的，抑或是我瞎猫碰到了死耗子。而也有些题目是很深入或者很复杂的，比如一些不常见的数学符号，解开它们必然要好好动一番脑筋。

对于计算机专业的学生来说，通过这本书的 66 章，他们可以预览整个大学本科阶段将会碰到的各种主要思想和方法，其中有一些还只会在读研究生的时候能接触到。而对于计算机系的教授来说，这本书也算是难能可贵的收藏，可以时时拿出来斟酌。你还在费心牢记 Boyer-Moore 字符串匹配算法吗？别折腾了，它就在第 61 章。至于说你要做演讲，还想有自己的特色，那么这本书可能正是你想要的。

《The New Turing Omnibus》有着广泛的用途。一方面，它可以把各种各样不同背景的学生快速带入神秘的计算机世界。另一方面，除了可以从这本书里学到一些（甚至很多）课程，你还能获得足够的空间去创新。最后，对于受过良好教育的非专业人士来说，这本书也对可计算性理论描绘了一幅简明的路线图。

不知何故，我以前从来没有听说过这本书。但它早在 1988 年就出版了，后来在 1993 年出了第二版，至今再无更新。《The New Turing Omnibus》的内容非常接近于我在 Coding Horror 博客上讨论的东西，不同的只是形式——它已经出版成书。它就像是一个箩筐，里面装满了跟计算相关的各种话题。每个章节恰似一篇精简的博客文章，配以表格和插图，探讨着一个特定的话题。话题之间的编排并没有什么顺序。因此，你可以随意浏览，只挑选自己真正喜欢的内容。

《The New Turing Omnibus》的目录（66 章）在 everything2.com 网站上已经尽数列举。我觉得，如果你常常光顾我的 Coding Horror，喜欢读我写的博客，你也很有可能会喜欢这本非同凡响的小书。我可以保证，作为程序员，拿它来练习基本功再好不过了！

Bert Bates 是一位黑带级别的围棋手，也是美国最棒的业余选手之一。有一次，一位专业棋手（水平比 Bert 高出 4 级）来访，参加当地的一场围棋锦标赛。Bert 很惊讶地发现，那个家伙居然还在看一本关于围棋基本问题的书，而这本书 Bert 在很早以前刚开始学围棋时就已经看过了。那位专业棋手说，"这本书我起码读过 100 遍了。每次当我重读这本书的时候，我的目标是要比上次阅读的时候更快地解决书里的所有问题。"

有一些杰出的运动员从来都没有忘记练习基本功——即使是泰格·伍兹[1]，他

---

[1]　泰格·伍兹（Tiger Woods）是美国高尔夫球手，截至 2009 年世界排名首位，并被公认为史上最成功的高尔夫球手之一。——译者注

还在坚持练习；或者是那些篮球达人，他们还在练习自由投篮。优秀的音乐家可能还在练习基本的弹奏法。那么，程序员呢？……说实话，我不知道。有哪些基础性的东西，即使是优秀的程序员也可能会忘记呢？我必须好好想想。

然而，《The New Turing Omnibus》并不只是针对程序员的书。它具有更强大的"地心引力"。只要你对计算机科学领域有些许兴趣，哪怕是非专业人士，也可以读一读这本书，因为书里一连串的思维谜题真的很有趣！

关于这本书，如果你还想做更多的了解，你可以去亚马逊网站上浏览几页。或者尝试一下谷歌的图书服务（books.google.com），只是你看不到原书的很多表格和插图，取而代之的是随机插入的"copyrighted image"（受版权保护的图片）字样。

附录

纪律造就强大的开发者[①]

最近，Scott Koon 谈到了纪律作为开发者的一项基本素质的重要性。他是这么说的：

每个月，总有一些新的编程语言或者方法论冒出来。随后，信徒们的溢美之词便会充斥互联网的每一个角落。这些东西貌似都能提高生产力和产品质量。但他们忽略了所有成功的开发者都拥有的一个特质。这个特质足以决定项目的命运。那就是纪律！

不受纪律约束的开发者不能保障产品的按时发布，他们也不会写出易于维护的代码。相反，自律的开发者不仅是项目成功的保障，他们还能提升其他人的生产力水平。如果把软件架构师和开发者的成功归结为他们所采用的工程方法，这对他们其实是一种伤害。归根到底，其实要看他们有多么遵守纪律、多么训练有素。

真是很凑巧！我最近给一个开发团队做了一次关于源码控制（Source Control）的演讲，期间我也反反复复地提到了"纪律"这个词。纪律！纪律！我反复提到它，是因为**单纯建立一个优秀的源码控制系统是不顶事的，它并不能让人自觉自愿地以一种结构化而合理的方式去使用它**。这事必须得靠纪律！然而，依我的经验看来，

---

① 作者的另一本书《高效能程序员的修炼》第 5.2 节 "领导须以身作则" 提到了本文，人民邮电出版社（2013 年）。——译者注

纪律严明的公司并不多。我所看到的源码控制，往往更像下面的 Windows 桌面那样一团糟。

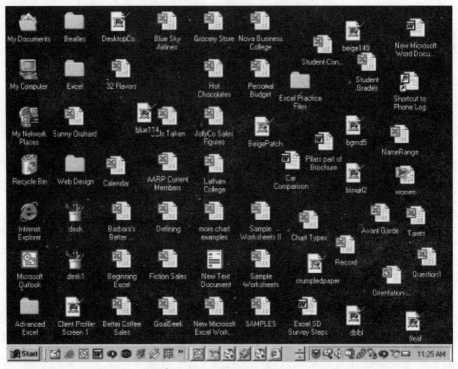

项目之间本该有一种优雅的结构，并且使用符合逻辑的代码分支和标签，但事实又是怎样的呢？源码控制系统里满眼都是胡乱命名的文件夹，凌乱不堪，毫无逻辑可言！就像一个普通计算机用户的桌面那样……

这其实跟你选用哪种编程语言没有关系。因为纵然功能要求一样，FORTRAN[①]程序也可以被写得千差万别。

因此，我更倾向于赞同 Scott 的观点。**如果没有纪律的保障，编程语言和工具都将是浮云。**然而，在口头上反复强调"纪律"并不见得能带来多少帮助。也许，那些入门级的开发者需要的是一位导师（他会毫不客气地主张必要的纪律），或者

---

① FORTRAN 是英文"FORmula TRANslator"的缩写，意思是"公式翻译器"，它是世界上最早出现的计算机高级程序设计语言，广泛应用于科学和工程计算领域。FORTRAN 语言以其特有的功能在数值、科学和工程计算领域发挥着重要的作用。——译者注

像 Dave Cutler①那样雷厉风行的人，更或者像枪炮士官哈特曼②那样在强化纪律训练方面很有手段的人。

　　如果你们这些"女人"能从我这里学成出师，如果你们受得了这新兵训练，你们就会变成一件武器，成为祈求战争的死亡牧师。但在那天到来之前，你们什么也不是！你们甚至都不是人类。你们什么都不是。我很严厉，所以你们不会喜欢我。但是，你们越恨我，就学得越多。我很严厉，但我很公平。这里没有种族歧视。在这里，你们都一样。我奉命淘汰你们中的无能之辈，把那些跟我所热爱的海军陆战队格格不入的人踢出去！你们听明白了吗？

　　Steve McConnell 的《代码大全》给出了同样的建议。不过，他的措辞要温和许多。

　　面对一个刚刚从计算机科学专业毕业的学生，你很难向他解释为什么需要遵循

---

① David Cutler（大卫·卡特勒）是一位传奇程序员，他是 VMS 和 Windows NT 的首席设计师，1988 年去微软前号称硅谷最牛的内核开发人员，被人们称为"操作系统天神"。在开发 Windows NT 3.5 的时候，他带领的开发员有 1 500 名之多，自己还兼做设计和编程，丝毫不改程序员的本色。他天生脾气火爆，与人争论时喜欢双手猛击桌子以壮声势。日常交谈也脏字不离口。——译者注

② 哈特曼（Hartman）是电影《全金属外壳》（《Full Metal Jacket》）中的一个角色。这是一部描述美国海军陆战队与越南战争的影片，被认为是电影史上最出色的战争电影之一。在影片中，哈特曼粗鲁的语言、刻薄的训练方式，夸张但也真实地刻画了海军陆战队新兵教官的形象。——译者注

工程规范和纪律。在我读大学的时候，我编写过的最大的一个程序不过 500 行代码。工作之后，尽管我也开发过一些少于 500 行的工具，但主项目一般都达到了 5 000～25 000 行代码的规模。我甚至还参与了几个规模超过 50 万行代码的项目。而在这些大项目中，原先"小米加步枪"的应对方法已经力不从心了，我们需要一套全新的技能。

McGarry 和 Pajerski 在美国宇航局软件工程实验室工作了 15 年，在回顾了这段工作经历之后，他们在 1990 年总结道：注重纪律的方法和工具起到了显著的成效。很多有创造力的人都是极其自律的。有句谚语说得好，"形式即自由"。伟大的架构师总是在人力资源、时间和成本的约束范围内开展工作。伟大的艺术家也是这样。只要你仔细看过列奥纳多①的画，你就不得不承认他对细节的一丝不苟。米开朗基罗②在设计（罗马梵蒂冈的）西斯廷教堂（Sistine Chapel）的天顶时，他把它分成了几何形状的对称集合，比如三角形、圆和正方形。他根据柏拉图③（在《理想国》中提出）的 3 个阶级，把天顶对应设计成了 3 块区域。如果没有这种他自己设定的结构和他的自律，300 个人体画像挨在一起可能会陷入一片混乱，我们也就看不到如今的这个旷世杰作了。

纪律有很多种形式，并且它渗透在软件开发的每一个环节。从小处着手吧！假设你的数据库模式定义里包含了 3 个主键，它们的名字分别是"list_id"、"ListId"

---

① 莱奥纳多·达·芬奇（意大利语：Leonardo di ser Piero da Vinci，1452 年～1519 年），意大利文艺复兴三杰之一，也是整个欧洲文艺复兴时期最完美的代表。他是一位思想深邃、学识渊博、多才多艺的画家、寓言家、雕塑家、发明家、哲学家、音乐家、医学家、生物学家、地理学家、建筑工程师和军事工程师。他是一位天才，一面热心于艺术创作和理论研究，研究如何用线条与立体造型去表现形体的各种问题，另一方面他也研究自然科学，为了真实感人的艺术形象，他广泛研究与绘画有关的光学、数学、地质学、生物学等多种学科。他的艺术实践和科学探索精神对后代产生了重大而深远的影响。——译者注

② 米开朗基罗（意大利语：Michelangelo，1475 年～1564 年），他是一位雕塑家、建筑师、画家和诗人。他与莱奥纳多·达芬奇和拉斐尔并称"文艺复兴三杰"，以人物"健美"著称，即使女性的身体也被他描画得肌肉健壮。米开朗基罗脾气暴躁，不合群，但他一生追求艺术的完美，坚持自己的艺术思路。他的风格影响了几乎三个世纪的艺术家。——译者注

③ 柏拉图（Plato，约前 427 年～前 347 年），古希腊伟大的哲学家，也是全部西方哲学乃至整个西方文化最伟大的哲学家和思想家之一，他和老师苏格拉底、学生亚里士多德并称为古希腊三大哲学家。在他的《理想国》中，柏拉图认为，国家应当由哲学家来统治，理想国中的公民划分为卫国者、士兵和普通人民 3 个阶级。——译者注

和"list_value"。你的开发团队里应该有个像枪炮士官哈特曼那样的人，让他去"温柔地"提醒大家：在开始深入编码之前，最好先把这个令人困惑的主键问题解决了。

你不必制定严厉而死板的军事化行为准则。然而，即使软件工程尚是一个不成熟的领域，我们也已经有了很多公认的规范，形成了现代软件开发模式。**要想从这些规范中受益，我们需要做的只是遵守一点老生常谈的纪律。如果你不严于律己，那么谁还会把纪律当回事呢？**

软件开发之 50 年历程

O'Reilly[①]发布过一张海报，标题为"The History of Programming Languages"（编程语言的历史），看起来饶有趣味！

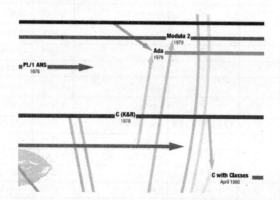

关于编程语言，如果追本溯源的话，你会发现其实我们已经走过了相当长的一段历程。

- Fortran（1954 年）

- Cobol（1959 年）

- Lisp（1958 年）

---

① O'Reilly 是一家具有深厚计算机专业背景的图书出版公司，出版了一系列 Perl、Java、Python、C/C++、脚本语言、Web、数字媒体、系统管理、安全、数据库、Linux/UNIX、Macintosh/OS X 、 Windows 、.NET 、开放源代码软件等不乏经典的技术类图书。——译者注

- Basic（1964 年）

- Forth（1970 年）

- Pascal（1970 年）

- SmallTalk（1971 年）

- C（1971 年）

C 语言大概与我的年龄相仿。Fortran 有我父母那般年岁了。但在程序语言的世界里，不是还有其他小朋友吗？我们可以留意一下 TIOBE 公司[①]提供的编程语言排行榜（2013 年 11 月期）。

Position Nov 2013	Position Nov 2012	Delta in Position	Programming Language	Ratings Nov 2013	Delta Nov 2012	Status
1	1	=	C	18.155%	-1.07%	A
2	2	=	Java	16.521%	-0.93%	A
3	3	=	Objective-C	9.406%	-0.98%	A
4	4	=	C++	8.369%	-1.33%	A
5	6	↑	C#	6.024%	+0.43%	A
6	5	↓	PHP	5.379%	-0.35%	A
7	7	=	(Visual) Basic	4.396%	-0.64%	A
8	8	=	Python	3.110%	-0.95%	A
9	23	↑↑↑↑↑↑↑↑↑↑↑↑↑↑	Transact-SQL	2.521%	+2.05%	A
10	11	↑	JavaScript	2.050%	+0.77%	A
11	15	↑↑↑↑	Visual Basic .NET	1.969%	+1.20%	A
12	9	↓↓↓	Perl	1.521%	-0.66%	A
13	10	↓↓↓	Ruby	1.303%	-0.44%	A
14	14	=	Pascal	0.715%	-0.17%	A
15	13	↓↓	Lisp	0.706%	-0.25%	A
16	19	↑↑↑	MATLAB	0.656%	+0.04%	B
17	12	↓↓↓↓↓	Delphi/Object Pascal	0.649%	-0.35%	A-
18	17	↓	PL/SQL	0.605%	-0.03%	A-
19	24	↑↑↑↑↑	COBOL	0.585%	+0.11%	B
20	20	=	Assembly	0.532%	-0.05%	B

[①] TIOBE 公司根据互联网上有经验的程序员、课程和第三方厂商的数量，并使用搜索引擎以及 Wikipedia、Amazon、YouTube 等统计出了一个编程语言排行榜，以反映各种编程语言的热门程度。这个排行榜每月更新一次，对世界范围内编程语言的走势具有重要的参考意义。
——译者注

我们很容易就能发现许多最新的、最时髦的、尚处于幼年时期的编程语言：

- Perl（1987 年）

- Python（1991 年）

- Erlang（1991 年）

- Ruby（1993 年）

- Java（1995 年）

- JavaScript（1995 年）

- PHP（1995 年）

显而易见，Ruby 已经 20 出头了！而 JavaScript 也才 10 几岁……

在现代编程语言诞生的年代里，有几本图书的出版值得大家的注意——它们代表着现代软件开发领域的最新思想：

- 1994 年，《面向对象分析与设计》（作者：Grady Booch）

- 1995 年，《设计模式》（作者："四人组①"）

- 1997 年，《UML 精粹》（作者：Martin Fowler）

- 1999 年，《解析极限编程》（作者：Kent Beck）

- 1999 年，《重构》（作者：Martin Fowler）

- 2001 年，敏捷联盟宣告成立（http://www.agilealliance.org）

"现代软件开发"这个概念是最近才提出来的。尽管我们在软件开发历程中已经积累了 50 多年的经验，**软件开发这个职业仍然处于幼年期**。

就拿源码控制（Source Control）来说吧。源码控制绝对是软件工程的基石。但它直到 1999 年的时候，才被广为接受。究其原因：

---

① 在软件工程领域，四人组（Gang of Four，GoF）指被称为设计模式先驱的 4 个人：Erich Gamma、Richard Helm、Ralph Johnson 和 John Vlissides。——译者注

1. 尽管 CVS①在 20 世纪 80 年代后期就出现了，但它是随着 SourceForge.net②才流行起来的；而 SourceForge 是在 2000 年创办的。

2. 微软的 SourceSafe 是在 20 世纪 90 年代中期发布的，但它直到 1998 年绑定在 Visual Studio 6.0 企业版之后才被主流开发者所接受。

很显然，源码控制系统在 1999 年之前早就存在了。作为一种软件工程的基础工具，为什么它要花这么长时间才能成为主流呢？这就要用 "Redwine-Riddle 成熟模型" 来解释了（参见 Mary Shaw 发表过的一篇文章，题为 "What Makes Good Research in Software Engineering?"）。

Redwine 和 Riddle 两个人审视了若干项软件技术，研究了它们从诞生之初到四处传播的整个过程。他们发现，**一项技术从概念形成阶段演变到广为流行的程度通常需要 15~20 年的时间。**

他们指出了 6 个典型的阶段：

1. 基础研究阶段——研究基本的想法和概念，初步确定需要解决的问题，勾画关键的研究方向。

2. 概念形成阶段——非正式地交流一些想法，成立一个研究社区，汇聚一系列相容的观点，对一些特定的次要问题提出解决方案。

3. 发展及延伸阶段——初步应用这种技术，阐明背后的思想，并加以推广。

4. 内部加强与探索阶段——把这种方法延伸到另外一个领域，用这种技术解决实际的问题，使技术趋于稳定，制作培训材料，用成果来展示这种技术的价值。

5. 外部加强与探索阶段——跟上述内部过程很相似，只不过这个阶段会牵涉开发者之外的更多人，用大量案例证明这种技术的价值和适用性。

---

① CVS（Concurrent Versions System）版本控制系统是一种 GNU 软件包，主要用于在多人开发环境下的源码维护。Concurrent 有并发的、协作的、一致的等含义。实际上，CVS 可以维护任意文档的开发和使用，例如共享文件的编辑或修改，而不仅仅局限于程序设计。——译者注

② SourceForge.net 是全球最大的开源软件开发平台和仓库。网站建立的宗旨是，为开源软件提供一个存储、协作和发布的平台。SourceForge 上现已拥有大量非常优秀的开源软件。——译者注

6. 流行阶段——这种技术达到了产品级的质量、版本化、商业化，配以市场营销，扩展用户群体。

Redwine 和 Riddle 把几项软件技术经历的发展阶段用时间线展示了出来，时间线一直延伸到 20 世纪 80 年代中期。我对 20 世纪 90 年代软件架构的成熟过程也做了类似的分析。

CVS 其实在 1986 年就发布了。正如 Redwine 和 Riddle 预测的那样，CVS 从诞生到成为主流整整用了 15 年的时间。

Redwine 和 Riddle 在 1980 年提出的这个模型至今仍然有效。在"Design patterns of 1972"（1972 年的设计模式）一文中，Mark Dominus 回顾了将近 35 年时间，以证明**我们至今仍然在为编程语言的进化而苦苦挣扎着**。

假设"设计模式"倡议在 1960 年就能流行起来，那时候的目标就会是教会程序员识别在什么情况下要使用"子程序"，并且在需要的时候习惯性地实现这个模式。跟完全不用子程序比起来，这当然是一次很大的进步。但那时候到底发生了什么呢？可喜的是，"子程序"模式被后来的编程语言直接吸收，内建为标准的一部分——这样比起来，独立使用设计模式的方法就逊色许多！模式的识别是促使编程语言进步的一个重要驱动力。在所有编程活动中，当我们发现同一种解决方案在多种不同情况下重复出现时，我们总是想提炼出共性。这种做法是很有价值的，也是应该鼓励的！"设计模式"倡议的问题在于对模式的后续使用上——程序员被训练如何识别问题、应用模式；然而，各种模式应该被看成是编程语言的"缺陷"。就像我们在编程过程中所做的那样，识别了共性之后，我们应该加以抽象，把公共的部分合并到单一的解决方案中去。

在程序世界里，同样的想法重复实现多次几乎总是错误的做法。对于一个反复出现的设计问题，如果有可能的话，用一种通用的方法来解决的最佳位置应该在编程语言本身。

"设计模式"倡议的立场是，程序员需要自己去实现 Visitors（访问者）、Abstract Factories（抽象工厂）、Decorators（装饰）和 Facades（外观）等模式。不知何故，这似乎是不可避免的！ 但是，把"子程序"调用或面向对象的类在源语言里实现的需求显然更为强烈，而且刻不容缓！这些模式应该被看作是 Java 和 C++语言的缺陷或者缺少的特性。当设计模式被识别出来之后，最好的处理方法是质疑编程语言里有哪些缺陷才导致这些模式的形成，以及编程语言应该如何改进以更好地解决这些特定类型的问题。

我相信，软件开发领域的变革步伐在加快，这得益于过去 50 年间通信发展的突飞猛进——电视、卫星、蜂窝电话，当然还有互联网。作为软件开发者，我们已经习惯了计算机硬件能力每 18 个月翻一番。而我们留有遗憾的是，**软件人追赶硬件发展水平的速度实在是太慢了！**

如何写技术文档

在浏览 CouchDb.com 网站的时候，我偶然看到了 Damien Katz 写的关于技术文档写作过程的描述，觉得非常滑稽。大家知道，现实情况如下面描述的。

欢迎来到技术文档的世界！

你的处境跟其他的文档工程师没啥不一样。技术文档的写作过程如下：

1. 询问程序员那鬼东西是怎么工作的。

2. 沉默一片……大家都聋了吗？

3. 听见蛐蛐在叫……

4. 听见风吹草动的声音……

5. 不管啦，开始写点东西出来。任何东西都行。

6. 把写出来的东西给程序员看。

7. 在一边看着：程序员发现你写的东西完全不得要领，他很抓狂。

8. 在程序员斥责你的时候，他也会抛给你一些有价值的技术信息。

9. 收集这些"珍品"，因为这些是你能得到的唯一可靠的技术信息。

10. 尽力把这些信息组织在一起，使它们具有可读性，并且在技术上也是准确的。

11. 跳回到第 6 步。

好吧，你不是做文档工程师的料。没关系，我也不行。不过，人们已经在努力把这件事做得更好。我也会继续努力的。

在我的职业生涯里，上述两种角色我都曾扮演过。这事挺有趣的，因为它是真的。我还记得，我在 Mike Pope 的博客上看到过极其相似的描述。